吉井理人
コーチング論

教えないから若手が育つ

吉井理人
著

徳間書店

吉井理人 コーチング論

教えないから若手が育つ

はじめに

「引退しても、コーチにだけはなるもんやない」

日本で投げていたころ、コーチは結果だけを見て好き勝手なことを言い、選手の邪魔ばかりしているというのが、率直な思いだった。監督やコーチとぶつかることはしょっちゅうだった。

ほかに野球に携われる仕事がなかったから、とりあえずやってみようと足を踏み入れた指導者の世界で、気づけば8シーズンを過ごしていた。その間に4度のリーグ優勝を果たし、日本一も2度、経験させてもらった。

今こうして自分のコーチング理論について語ろうとしているわけだが、投手コーチに就いた当初は本当にどうしていいのかわからなかった。選手としてパ・リーグ、セ・リーグ、米大リーグと計7球団を渡り歩き、42歳までプレーした。先発、クローザー（抑え投手）、リリーフ（中継ぎ投手）も経験した。多くの監督・コーチとも接してきた。ほかの選手と比べて経験は豊富だと思う。だが、指導するのはまったくの別物だった。

現役のときは自分の成長を考えるだけでよかったが、コーチとなれば、投げ方はもちろん、年齢も性格もまったく異なる選手それぞれに合わせた指導が必要になる。アドバイスはしたものの、それが正しかったのかどうか、半信半疑で自信が持てなかった。実際、助言がマイナスに働いてしまったこともある。

みずからの経験だけに頼っていては、限界がある。コーチングを専門的に勉強しなくてはいけないと感じ、北海道日本ハムファイターズの投手コーチを一度辞めたあとの2014年に筑波《つくば》大学大学院の門をたたいた。

14年春から2年間学んだことは大きかった。専攻は体育学だ。野球だけでなく、ほかの競技の指導方法や心理学、人体の構造や筋肉の各部位がそれぞれどんな働きをしているのかなど、内容は多岐にわたった。

本格的な勉強は高校生以来だったから、周りから多くのサポートを受けながら、必死に講義についていった。自分の半分ほどの年齢の若い同級生に、パワーポイントの使い方を教えてもらったりしながら。

大学院2年目は福岡ソフトバンクホークスの投手コーチとの「二足のわらじ」で研究を続けた。科学的な見地や理論を学んだことで「引き出し」を増やせたし、自分の経験がほかの選手に応用できる部分がたくさんあると理論的にも裏づけられ、確信を持つことができた。

本書は、僕のコーチ人生の「現在地」だ。今、自分が考えていること、取り組んでいることをまとめてみた。もちろん今も試行錯誤を続けている。同時にコーチングの最適解をつかみつつあるとも実感している。

僕の指導の根幹にあるのは「選手が主役」ということ。

選手の持つ理論を尊重し、邪魔になるようなことはしない。精神的にも肉体的にも気持ちよくマウンドに上がれる環境を整えることにも力を注ぐ。

「ああしろ」「こうしろ」と一方的に命じることが日本のプロ野球界では今も多い。逆に、米大リーグは良い意味で言えば「選手任せ」、悪く言えば「ほったらかし」なところがある。僕のやり方は、このどちらでもない。

重視しているのは選手とのコミュニケーションだ。これはコーチングのあらゆる場面でもっとも重要である。

特に、まだ実績の少ない若手には積極的にこちらからアプローチする。狙いは「自分で問題を解決できる力を身につけてもらう」ことだ。選手の「考える力」を鍛えると言ってもいいだろう。

プロの中でも一流といわれる選手の多くはこれが実践できている。意外に思われるかもしれないが、選手が自分のことをよくわかっていなかったり、勘違いしたりしていることは結構ある。客観的な視点に立って自分を分析することは、意識していないと難しい。

こうしたら問題を解消できる、こうしたらもっと長所を伸ばせるとコーチとしてわかっていても、あえて答えは言わない。対話を重ねる中で本人に自覚してもらいたいからだ。選手が自分の体や心の状態を言葉で解説できれば、課題の克服になにが必要か明確になってくる。

主体的に課題に取り組み、成長するために努力する。これを習慣にしてほしいのだ。回りくどいやり方に思えるかもしれないが、プロの世界で長く活躍するためには、必須のスキルだと考えている。

プロ野球界はいわば「超」の付くエリートの集まりだ。アマチュア時代は突出した力を見せていても、プロに入ってから壁にぶつかる選手がほとんどだろう。

そこでコーチが助言するわけだが、コーチはそれぞれ異なるバックグラウンドを持ち、考え方も違う。アドバイスがその選手に合うかどうかはわからない。表現やニュアンスの差で、選手が間違った受け止め方をしてしまうこともある。

ときにはコーチの助言や指導がピタッとはまり、一気に飛躍することがあるかもしれない。だが、そんな運命的な出会いは少ないのが現実だ。それにコーチだってクビになるし、ほかのチームへ移籍することもある。また壁に当たったからといって、コーチを追いかけて移籍するわけにもいかない。

なにより、マウンド上ではいつも1人で相手と戦わなくてはいけない。1球投げるごとにコーチのアドバイスを受けられるはずもない。

孤独なマウンドで最後に頼れるのは、常に自分だけだ。結果が悪ければクビになる。責任を負うのも投手自身だ。

だからこそ、選手がみずから問題を解決できなくてはいけない。

客観的に自分を見つめ、なにが良かったのか、なにが悪かったのかを分析し、次に生かす。この思考の回し方を訓練するのが僕の役目だ。

選手に「気づき」を与えられるような対話を、個々の選手の性格や立場、状況などを踏まえて行うようにしている。新人、中堅、ベテランでは当然、接し方も変えていく。選手としてだけでなく、人間的な面での成長も見据えてコミュニケーションを図っている。

みずから課題を克服していく習慣をつけることは、引退したあとにも役に立つだろう。

高卒でプロ入りし、5年で解雇されたとすれば、世間で言えば大卒とほとんど変わらない年齢だ。たとえ40歳まで現役でいられても、人生はまだ折り返し地点くらいだろう。解説者やコーチ、球団職員になれる人は限られる。会社員になるにせよ、経営者を目指すにせよ、アマチュア球界で指導者になるにせよ、多くの元選手は長く一般社会で生きていく。


今は中高生でもスマートフォンを持つことが当たり前になった。僕が現役のころに比べ、情報を集めることは簡単だ。知りたいことをインターネットで検索すれば、なんらかの答えが表示される。日本のプロ野球だろうが大リーグだろうが、有名な投手の動画はすぐ見つかる。自分の投球フォームをチェックしたければ、すぐに撮影しチェックすることができる。テレビ中継では、投手が投げた球の回転数や回転軸まで紹介している。

一方で、あふれる情報に振り回され、混乱を招くこともある。取捨選択する力が必要になっているのは、野球界に限った話ではないだろう。

ＳＮＳが発達し、コミュニケーションの方法も多様化した。ツールが多彩になった一方で、ツールを介さない対面でのコミュニケーションが苦手になっているかもしれない。

今の若い選手は感情表現が少ないというか、反応が薄いと感じる。こちらのメッセージがちゃんと伝わっているか確認するためにも、対話は欠かせない。

野球チームを会社に見立てれば、僕の立ち位置は中間管理職だ。選手は部下になるわけだが、人として上とか下とかがあるわけではない。チームの成功のために、ともに努力する仲間だ。

指導する側、受ける側、ともにコミュニケーションが大事なのだ。それがうまくいくかいかないかで、チームの行く末は大きく変わる。

野球ファンや選手、指導者はもちろん、野球未経験の会社員や経営者の方々にとって、本書が少しでも参考になってくれれば、著者としてとてもうれしく思う。

吉井理人　コーチング論

教えないから若手が育つ

目次

第3章 目先でなく、トータル——61

第4章 「個性」の見極め——97

第1章
コーチングの心得

コーチと選手は対等である

入ったばかりの会社で、配属された部署の上司が、自分の欠点や失敗ばかり指摘してきたら、嫌な気分になるだろう。「おれのことなんか、なんにもわかっていないくせに」とムカッと来るのではないか。

日本のスポーツ界において、指導者は選手よりも非常に優越的な立場にいる。中学、高校、大学の監督はほぼ年長者だろうし、自分の親、もしくは祖父と同じくらいの年齢ということもある。プロスポーツの指導者も年上が多いと思う。米国のプロアメリカンフットボール（ＮＦＬ）のチームでは30代前半で監督に就任することもあるそうだが、日本ではそういった例はほとんど聞いたことがない。

日本は年長者を敬う文化があるから「指導者のほうが選手よりも立場が上」というのはある意味、自然なことではある。プロ野球界もそうだ。

指導では信頼関係が大前提

僕がコーチをするにあたって、そうした上下関係は重きをなさない。僕のコーチングの基本は、選手がみずから考え、課題を克服する習慣をつけさせること。

そのためにコミュニケーションはとても重要だし、より重要なのはコミュニケーションの取り方そのものだ。欠点を指摘して「ここをこうしろ」と命じるやり方ではうまくいかない。僕とのやり取りを通じて、選手自身が問題を認識し、改善策を考えられるようにならなければ意味がない。

そのためにまずは、お互いに腹を割って話せる関係性をつくる。グラウンド上では双方が対等の立場にいなくてはならない。選手もコーチも球団から雇われているが、それぞれがプロ、個人事業主なのだ。どちらが上で、どちらが下、ということはない。

ただ、グラウンドを離れてコーチと選手の立場ではないときは、普通の先輩として振る舞うようにしている。一緒に食事に行くときはもちろんおごる。ひいきにならないように全員に声をかけ、希望者はみんな連れて行く。信頼が生まれる前に関係がこじれてしまうと、こちらがなにを言ってても選手が受け入れてくれなくなってしまう。選手がなにを考えているのか、どう思っているのかがわからず、指導が困難になるのだ。信頼関係ができていれば、こちらがズバッと指摘したことを、選手が受け止めてくれるようになる。

へそ曲がりだった僕の現役時代を思い出すと、監督・コーチから頭ごなしに言われたことにカチンときて反発したことが何度もあった。「やるのはあんたじゃなくて、おれじゃ」と。大きい声では言えないが、頭にきて監督室の机をひっくり返したこともある。でも、指摘されたことを受け入れてみればなんてことなかった、ということも多かった。要は言い方ひとつなのだ。

今の若い選手は静かに燃えるタイプが多く、感情をむき出しにするタイプは少なくなった。決してメンタルが弱いとは思わないが、あえて発奮させようとこちらがガッと強めに言うと、いじけてしまう選手が多い。良好なコミュニケーションを取るためには、いろいろな点を意識する必要がある。もちろんフレンドリーな態度で接する。

僕は人見知りするので、最初は難しかった。現在、大リーグで活躍しているダルビッシュ有と初めて会話するのに2カ月もかかった（ちなみに彼も人見知り）。言葉の選び方、表情、口調、それに立ち居振る舞いは、コーチングの成否に直結すると考えてよい。

「指導」＝
「欠点の指摘」ではない。
指導とは相手の頭を
鍛えること。

腕組みはNG

プロ野球界では、よくコーチが腕を組みながら選手と話している場面を目にするが、これは避けたほうがいい。

ただでさえ選手から立場が上だと思われているうえに、腕を組んでいると、より威圧感を与えることになる。腕を組むのは「防御の姿勢」というか、ガードを固めているような印象を与える。相手は「心を開いています」「あなたのことを受け入れます」とは感じないだろう。萎縮させるだけだ。

だから僕はベンチで戦況を見つめているときも、腕は組まないように心がけている。一度、なにかの撮影の際にカメラマンの方に「腕を組んでください」とお願いされたことがあるが、それも断った。それくらい気を遣っている。

選手の真正面にかまえて話をするのも同じように、相手を威圧する感じになる。だから僕は斜め前くらいに位置を取ることにしている。正方形の机について話すのなら、選手の正面の席には座らず、左右どちらかに座る。

とにかく選手と話をし、なにを考えているのか、どう思っているのか、練習方法、疑問、悩みを教えてもらう。なにもわからない状態では、手の打ちようがない。どう言葉をかけていいかもわからない。とにかく気軽に話せるような状況をつくる。

そのためには、選手と同じ高さに降りるというより、ちょっと下の位置に立つくらいの気持ちでいる。選手がこちらに状況を伝えてくれたり、こういう練習をしたい、などと言ってくれるようになれば、こちらはそれらをいったん受け入れる。そのうえで、アドバイスを送ると、選手も受け入れやすい。

それがたとえ愚痴だったとしても、まずは耳を傾ける姿勢が大切だ。すぐに解決できる策がないものだとしても、選手が吐き出してくれた気持ちに共感するだけでも意味がある。これはカウンセリングの技術にもつながるのだが、決して否定はせずに、いったん受け入れること。返答は「そうなんや」「大変やな」だけでもいい（こういうときに関西弁は便利だと思う）。愚痴を言うのは、こちらに思いを伝えたいからだ。そういうときは、選手も聞く耳を持つ態勢になっている。だからこちらのアドバイスが届きやすい。

最初に投手コーチになったのは43歳のときだったから、10代の選手のところにも比較的、入っていきやすかったが、それからもう10年経った。自分がキャリアを重ねる一方で、毎年入団してくる選手とのジェネレーションギャップは拡がっていく。最近はあいさつがきちんとできる選手が少なくなった。若い選手とのやり取りにはいっそう気を遣う。僕のやり方は、「選手に近すぎる」「甘い」などと、球団の幹部やほかのコーチから言われることもある。だが、コミュニケーションは僕のコーチングの大前提だ。

自分の方法が正しいと信じている。

発達段階は4ステージある

僕は選手の発達段階を、おおまかに4つのステージに区別している。また、教える内容には2つのベクトルがある。ステージは次の4つに分ける。

❶――技術・体力ともにまだ不十分で、プロ選手としてやっていく土台づくりの段階
❷――一軍に定着して結果を出せるようになり、プロ選手のプライドが出てくる段階
❸――一軍の主軸選手となり、プライドがさらに高くなった段階
❹――コーチのアプローチは不要になり、寄り添うだけで十分となった段階

2つのベクトルはこうだ。

●技術や体力を強化する。
練習方法を教える。パフォーマンス向上のための指導

■プロ選手に求められる言動や態度など、
アスリートとして人間として成熟するための指導

こうした分類はコーチをはじめたときからなんとなく感じていて、実践してきたことである。のちに大学院で教わった内容と通じている部分が多々あり、今では自分の中で確固たるものになった。

各ステージに合わせて、2つのベクトルの割合を変えていく。一番下のステージ❶なら●と■を同時に進めていくことになるが、ステージが上がるにつれ、●を減らし、■を重視していく。

僕はステージ❸と❹を「Aチーム」、ステージ❶と❷を「Bチーム」と呼んでいる。メディアに対しては、リリーフ陣の中で勝ちパターンで投げるメンバーを「A」、そうでないメンバーを「B」と単純に説明するときもある（内容の解説が短時間では難しいので）。選手に対しても「早くAで投げられるようにならないとね」などと言ったりする。

だが、「Aチーム」「Bチーム」はあくまでも、今現在どの発達段階にいるかの分類だ。「Aチーム」に故障や不調の選手が出てくれば、「Bチーム」の選手が勝ちパターンで投げることももちろんあって、この場合の「A」「B」は起用法を意味する。発達段階とは異なる。

本書でも、単に起用法として「A」「B」を使う箇所がある。ちょっとややこしい説明で申しわけないが、ご留意いただきたい。

新人には好きなようにやらせ、よく観察する

ルーキーに、いきなりあれこれ教えることは控える。

それよりもまずやるべきは、その新人をよく観察すること。

彼の武器は？　弱点は？　練習の中身は？　練習に取り組む姿勢は？　ポイントは無数にある。そうして特徴をつかむ。

スカウトや編成担当者が「プロで通用する」と思うだけの能力や才能があるから入団したのだ。日本球界の指導者やＯＢ、解説者などはついつい欠点を指摘しがちだが、まずはその選手の特徴を生かすのが本筋である。

また、プロ入り直後の選手は、アマチュア時代にもっとも輝いていたころから数段実力が落ちていることが多い。特に高校生の場合、夏の甲子園の予選で負けると、7月中に引退となる。キャンプは翌年の2月から。1月には合同自主トレがはじまるが、8～12月は空白になる。

むろんほとんどの選手は自主的にトレーニングはしている。だが、部活動でやっていたレベルと同じに、とはなかなかいかない（怖い監督ももういない）。

それにずっと野球に打ち込んでいたのだ。反動でちょっとくらい羽目を外したくなることもあるだろう。

だから、コミュニケーションを取りつつも、1年目は「好きなようにやらせておく」のが基本だ。

もちろん、練習方法がわからない選手には一から教えるし、明らかに練習方法が間違っていて故障する危険があれば止める。ただし、そこまで。まずはスカウトから評価された本来の力を取り戻すことが先だ。いきなり新たなことに挑戦すると、道に迷って進むべき方向を見失う。それは避けたい。

こちらからの声かけも、その選手をよく知るためのものからはじめる。「どうしてその練習をしているの？　狙いはなんなの？」といった具合だ。選手それぞれの考え方、独自の理論を尊重しながら、成長の方向を探る。

だれひとり
同じ人間はいない。
だからまず相手を知る。
すべてはそこから。

僕の新人時代の苦い教訓

この「まず観察」という考えは、初めて投手コーチになったときから変わっていない。理由は、プロ入り後に大混乱に陥った自分の経験があるからだ。

僕は、和歌山県立箕島《みのしま》高等学校からドラフト2位で大阪近鉄バファローズ（現オリックス・バファローズ）にプロ入りした。投手としてコントロールの良さには自信があった。だが入団後、いきなりコーチにフォームのことをあれこれ言われ、むちゃくちゃになってしまった。

どんな投手もフォームは幼少期からの積み重ねでできている。「こう直せ」と言われてもなかなかそうはならない。直し方もわからない。そもそも、コーチが話している意味さえわかっていなかったと思う。

ブルペンでも狙ったところに投げられないのだから、一軍はおろか、二軍でも1年目はほとんど登板させてもらえなかった。2年目に入って先発で投げる機会を与えられたが、四球を連発して初回に5失点。そんな試合ばかり繰り返していた。

結果が出ていないから、コーチはさらにいろんなアドバイスをくれる。だが、そのせいで余計に自分の投球がわからなくなってしまった。完全に悪循環にはまってしまった。結局、自分で狙ったところに投げられるようになった、感覚がつかめた、と実感できたのは、入団から1年半くらい経ってから。この感覚が高校時代に自然とできていたものと同じだったのか、迷走の果てにまったく新しい感覚に至ったのか、今もはっきりとはわからない。

というのも、僕の頭の中から入団1年目の記憶がすっぽりと抜け落ちているのだ。現役を引退したあと、いろいろな場面で必要になるかと思い、自分の経歴を年表にまとめてみようとした。ところが、記憶にずれがある。調べてみたら、僕が初めてタイトル（最優秀救援投手）を手にしたのは、実際にはプロ入り5年目のことだったのだが、ずっと4年目だと思い込んでいた。つまり1年目の記憶が丸ごとなくなっていたのだ。

自分でも驚いた。2年目に入って、ちょっと投げられるようになったときからは覚えているのだが、1年目の、試合に出られていないときのことは今もほとんど思い出せない。

解決法を見つけるのは本人

パニックに陥っていた当時の僕がやがて出した答えは、「自分で考えること」だった。いろいろなことを周りから教えてもらったが、投げる「コツ」は自分で探すしかない。それだけに集中し、必死に考え、試した。近鉄バファローズの本拠地・藤井寺《ふじいでら》球場で一軍が試合をしているとき、一塁側のスタンド下にあるスペースでのシャドーピッチング（タオルを持って投球動作をする）が日課だった。そこでいろいろと工夫を重ねるうちに、ある日、「あ、これかな」という感覚をつかむことができた。

その感覚を持ってブルペンに入ると、思ったところにボールが行きはじめた。「おお、すごいな」と周りの反応も変わった。二軍の試合でもバンバン投げられるようになった。「もう二軍じゃ打たれる気せえへんな」と自信を持ったのを覚えている。

なんらかのコツをつかむという感覚は、突然どこからかなにかがやってくるようなイメージがあるかもしれないが、それは違う。自分なりに考えて、やってみて、結果をフィードバックして、ああじゃない、こうじゃないと試行錯誤する、思考と実践の積み重ねの先にある。

僕は趣味でゴルフをするが、あまり練習をしていなくてもいいスイングができる日がある。そのときは「あ、これコツつかんだで」と思うのだが、それはたまたま調子がよかっただけだ。積み重ねがなければ、定着はしない。数日後に再びクラブを握ったときには、元に戻っている。

僕が東京ヤクルトスワローズの投手時代に薫陶を受けた「ノムさん」こと野村克也監督はこう言っていた。

「ミーティングはなんのためにするか知ってるか。こういう知識を持っていれば、マウンドに行ったときに、勘としてひらめくんだ。なんとなくそこで勘がはたらくのは、そういう準備から出てきている。だから、マウンドではそれを信じていい」

野村監督といえば「ＩＤ野球」。世間ではデータ重視のイメージがあるが、実際はそれを土台に考えることを選手に求めていた。

「なんでミーティングでこんなにメモせなあかんねん」と当時は思っていたが、考える習慣を身につけるうえで大事なことだったのだ。当時のヤクルトスワローズの選手たちには、のちにヤクルトスワローズの監督になる古田敦也や、２０１８年シーズンからヤクルルトスワローズのヘッドコーチに就く宮本慎也がいた。現役を退き、指導者の道に入った選手が多い。これは偶然ではなく、野村監督の教えが影響した結果ではないかと思う。

人に言われたことだけをやっていては、できたとしても一瞬だけで、自分のものにはならない。自分で考えて、汗を流して、初めて血肉になる。

だから、コーチングではいろいろな言葉をかけるが、それはすべて選手が最終的に自主判断するための材料にならなくてはいけない。これが僕のコーチング論の根幹だ。

斎藤佑樹も過剰なアドバイスでパニックに

僕のプロ1年目がそうだったように、いろいろなアドバイスを受けても自分で消化できなければ、パニックに陥ってしまう。斎藤佑樹もそうだった。

早稲田実業高校3年生の2006年、現在ニューヨーク・ヤンキースで活躍している田中将大《まさひろ》（当時駒大苫小牧高）と夏の甲子園の決勝で延長15回引き分け再試合の熱闘を制した場面を覚えているファンも多いだろう。早稲田大学を経て、ドラフト1位競合のすえに2011年、北海道日本ハムファイターズに入団した斎藤は、ゆっくりとはいえ着実に成長している。だが、2017年までの7シーズン通算で15勝23敗、防御率4・24という数字は、期待されたほどの成績かと問われれば、答えはノーだろう。

彼はとても研究熱心だ。自分を成長させたいと、チームのコーチだけでなく、他球団の球界関係者やフィジカルトレーニングの専門家など、多くの人の話を聞いている。だが、自分がどの方向に向かっていくべきなのかが定まっていなかった。多くのアドバイスを消化しきれていなかった。消化しきれていないまま、いろんなことに挑戦してきたのだが、まだ本来のポテンシャルを発揮するまでに至っていない。

僕が2016年に日本ハムファイターズに復帰して、また彼を指導する立場になった。最近になってようやく自分の中で一本の「芯」がつくられてきたと感じる。ちょっと時間がかかった感は否めないが、これまでの苦労を糧にして花開いてほしい。

＊編集部注／斎藤佑樹氏は2021年10月に現役を引退し、現在は実業家として活躍中です

第2章
「振り返り」作業

徹底的な内省で解決法を探らせる

僕のコーチングにおいて重要な核になっているのが「振り返り」作業だ。選手それぞれに、自分のプレーの良かった点、悪かった点を客観的に見つめ直してもらう。それが「振り返り」である。

振り返りは具体的なものでなければならない。その状況で自分がどう考えていたのか、感情の部分まで洗い直してもらう。単に「うまくいった」「駄目だった」では課題が明確にならない。

配球がまずかったのかもしれない。疲れがたまっていて肩が重かったなら、コンディション調整に問題があったのかもしれない。コントロールを乱したのなら、力んで投球フォームが崩れたのか、そもそも技術が足りていなかったのか。なにかしらの理由があるはずだ。それを見つける。そして修正に努める。

その繰り返しが間違いない成長につながる。課題が明確にならないかぎり、同じ失敗を繰り返すことになる。

第2章
「振り返り」作業

よくある例を1つ挙げる。得点圏に走者を背負ったピンチの場面で、打者を2ストライクに追い込んだ。次は低めのストライクゾーンからボールゾーンに落ちる変化球で、三振に仕留めたい。ところがその変化球が抜けてしまい、真ん中付近に入って長打を浴びる――。多くの投手が経験する失敗だ。

このとき、単純に「緊張して力んだ」だけで済ませるのは、振り返りとは言えない。「次は低めに投げる」と思っていても、また球が浮いてしまうだろう。なぜこういう場面で球が浮いてしまうのか、原因を探らなくてはいけない。

投手によって違いはあるが、たいていはフォームが乱れている。

足を上げてから体を前方に出すテンポが普段より速くなっていたり、セットポジションをとっている時点で体が前のめりになっていたりする。緊張する場面で、自分のフォームがどう変化しやすいか理解していれば、修正法を考えることができる。

現役時代の僕は、力むと体の開きが早くなっていた。いつもなら左手にはめたグラブが胸のあたりに収まっているのだが、この左手が外側に流れてしまうのだ。それが原因で上半身がいつもより早く回ってしまい、右腕がいつもの軌道よりも外側を通っていた。結果、狙ったところに球がいかなくなっていた。

原因がわかれば、あとは修正法を練ればいい。

僕が見つけ出したのは、左手を左脚の内腿にぶつけ、体の開きを抑えるという方法だった。普段のフォームを大幅に変えることで解決できたわけだ。

答えは教えない

「振り返り」は対話を重ねることで行う。登板した当日は、投手本人も僕も熱くなっているので、なかなか冷静になれない。したがって少し間をおき、翌日に行うようにしている。

個別での対話はもちろん、グループでの振り返りもある。とにかく、試合の結果とそれに至る原因を深く掘り下げ、課題を見つけ、その修正法を考えていくわけだ。

振り返りは全員に行う必要はない。話をしていて、自分でしっかり問題を解決できる思考回路を持っている相手には不要だ。

振り返りは、主に成長過程の若手にほどこす。最初に北海道日本ハムファイターズの投手コーチに就任したときも、登板翌日の反省会やグループでの話し合いはしていたが、大学院での経験を経て、より進化させた。

自分を客観的にとらえられない、だから問題点をまったく見つけられない選手はすぐに「自分は今どうなってますか？」「どうしたらいいんですか？」と聞いてくる。

僕はたいてい、どこに問題があるかわかるし、修正法も提示できるのだが、直接は教えない。あくまで本人が考えを巡らせて気づかなければ意味がないからだ。僕としては問題点と修正法の把握に向かうように、ヒントを与えるような、誘導尋問のようなやり取りを重ねていく。選手の理解度に合わせて問いかけも変わってくるので、こちらの質問力も試される。

「どうしたらいいですか？」と言っていた相手が「自分にはこういう課題があるから、今、こういう練習に取り組んでいます」というふうになってくればしめたものだ。逆に、日ごとに言っていることが違っていたり、話が支離滅裂になっていたりすれば、頭の中は混乱状態と判断する。一度、情報を整理できるような、こちらからの働きかけが必要となる。コーチングにおいて混乱状態はもっとも避けたい事態だ。

問題点と修正法がわかっているなら教えてやればいいのではと思うかもしれない。たしかに答えを教えれば、一時は改善できるだろう。だが、それだとなにかあるたびにコーチに助言を求めなくてはいけない。コーチは万能ではない。コーチによって考え方は違うし、持っている「引き出し」の量も違う。

そして、コーチは選手よりも入れ替わりが早い。監督だって2年くらいチームの低迷が続けば替えられてしまう。監督交代に合わせてコーチ陣も大幅に入れ替わったりする。もちろん個々のコーチも結果が伴わなければ解雇されるし、他球団から魅力的なオファーがあれば移籍するかもしれない。

一方、選手はトレードされるか戦力外にならなければ、フリーエージェント（FA）の権利を得るまでは自由に移籍はできない。規定の一軍登録日数を満たしたうえで、大学・社会人入団で7年。高卒は8年。海外FAなら9年かかる。コーチを追いかけて移籍することは難しい。だからこそ、問題を自己解決できる思考の回し方が必要なのだ。

一見、遠まわりに思えるかもしれないが、長く活躍してもらうためには、答えは簡単に示さないほうがいい。

答えを教えると
指示待ちが癖になる。
考えなくなる。

「選手の中のコーチ」を育てる

つまり「振り返り」は自分を客観的に分析する目を養う作業である。自分を外から見つめる「もう1人の自分」をつくる。自分の中に「専属コーチ」を置くとでも表現しようか。この「自分の中の専属コーチ」は本来、誰にでもいる。それを引き出すのが振り返りの最終目的だ。

「自分の中の専属コーチ」が自分自身を指導できるようになれば、実際にどんなコーチがやってきて、どんなことを言ってきても、それを取り入れるべきかどうか、適切なジャッジができる。僕が言ったことをなにも考えずに取り入れるのは、「吉井コーチ」を自分の中に移植しただけだ。「自分の中の専属コーチ」がちゃんと働いていれば、コーチが代わっても、チーム内外のどんな人物からアドバイスをもらっても、そのアドバイスが自分にとって必要なものか取捨選択できる。

僕はよく「お前の中のコーチと話させてくれへんか」と話している。この「自分の中の専属コーチ」は僕が選手と話すときの仲介役、クッションにもなってくれる。

僕もそうだったが、選手は基本的に自分のことしか考えていない。コーチが自分のためを思って言ってくれているのだとしても、なかなか素直には受け止められないものだ。すぐに「お前なんかに言われたないわ!」とか思ってしまう。

全員の「自分の中のコーチ」が育ったら、こちらは「図書館」のような役割に徹すればいい。これがコーチングの理想形だと考えている。

なにかわからないこと、調べたいことができたときに、参考書を探しにくる場所。選手が必要としているときに、いつでも利用できる態勢を整えておく。必要ないなら利用しなくていい。悩みを聞かせてもらえれば、おすすめの「本」を紹介する。

これをうまく機能させるためには幅広い「蔵書」が必要だ。もし10冊しかなかったら図書館として成り立たない。問題を自分自身で解決してもらうヒントを与えるために、コーチは勉強し続ける必要がある。

「広く浅く」でも、「狭く深く」でも不十分。「広く深く」本を集めなければならない。相手が主体的に動いてくれるなら、こちらの勉強する時間もたっぷり取れる。

そうなれば、選手・コーチともに、成長速度が飛躍的に増すだろう。

グループ討論は実戦シミュレーションになる

日本ハムファイターズの投手コーチに戻った2016年から、グループでの「振り返り」を重点的に行っている。若手のリリーフ陣が主な対象だ。

昨日登板した投手がいれば、その投手を中心に討論が交わされる。彼にとってはこれ以上ない、格好の振り返りの機会だ。ほかのリリーフ陣との討論を通して、マウンド上での気構えや振る舞い、特にピンチの場面でどうするのがより良いのかといった学びになる。

昨日登板していない投手にとっては、頭の中で実戦のシミュレーションを積むことになるので、いわば毎日登板しているのと同じだ。どんどん経験値が上がる。

「明日は○○○について質問するので、考えておいてください」と前日にグループにLINEでメッセージを送っておくこともある。振り返りをさらに濃密なものにするためだ。

日本では試合前のミーティングなどで選手をずらっと並べて、監督やコーチがあれこれ指摘するのが主流だ。だが、繰り返し述べたように、こちらがすぐに答えを示すのではなく、選手それぞれに考えてもらうような言葉をかけるのが理想だ。試合は成長のためのうってつけの教材なのだから（もちろんチームでの決め事の徹底や、作戦に絡むことは明確に伝える）。

マウンド上で、投手に任されていることはたくさんある。配球など打者との駆け引きは、マウンドに上がっている者にしかわからない感覚も大事になる。グループでの振り返りではそういう部分も出し合い、自分が投げていないときも脳を回転させてもらう。

一方、有原航平、高梨裕稔《ひろとし》、加藤貴之といったプロ入り間もない先発陣は、こちらと一対一の個別で振り返りをする。登板翌日、投球内容について自分の言葉でじっくり語ってもらう。

一対一の個別の振り返りでは、選手の許可を取ったうえで録音もしている。

あとで文章に起こしてみると、話していたときにはわからなかったことに気づける。「あ、ちょっと混乱しているな」と感じることもあるし、選手たちを目指してほしい方向に誘導するつもりが「あ、わし、答え言ってしまってるやん」ということもある。僕にとってはコーチとしての振り返りの作業になる。

効果は着実に出ている。本書を書くために振り返りの内容を読み返し、より深く分析してみたのだが、もっとも変化が大きかったのは高梨だった。振り返りを重ねるごとに言語化がスムーズになり、自分をしっかり客観視できるようになってきた。

加藤は試合中の自分のメンタルの傾向を的確に把握し、パフォーマンス向上のヒントをとらえつつある。有原も自分を知ることで、試合中の好不調の波をコントロールできるようになった。

ちょっと話がそれるかもしれないが、チームの状態によって、ベンチから出る「声」の中身が変わる。

チームが好調で、優勝争いをしているときは、ベンチの選手たちは必死にチームメイトを鼓舞する。味方の背中を押す、激励する内容なのだ。

ところが、5位に終わった2017年シーズンは、ベンチから飛んでいたのは「やじ」ばかり。相手チームや審判の判定に対して文句をつけていた。自分たちがうまくいっていないことを棚に上げ、いらいらを対戦相手や審判にぶつけていた。

「こりゃ、ひどいな」と思いながら聞いていた。栗山英樹監督も気にしているようだった。こんな状態では前向きなエネルギーは出てこない。単なるエネルギーの無駄だ。感情に流されず冷静な思考ができれば、こんなまねはしないはずだ。今後の課題である。

苛々するだけ
エネルギーの無駄。
冷静に。
それが結局、得。

「振り返り」はポジティブな話題からはじめる

グループでの「振り返り」は僕の「オフィス」で行う。

オフィスと言っても球団事務所ではないし、どこかのビルの中にあるわけでもない。札幌ドームグラウンド上、センターのフェンスの前が僕の「オフィス」だ。試合前の練習で、打球避けのネットが張られているところに、ランニングを終えた投手たちが集まってくる。

前日の試合の一場面をテーマにすることが多い。実際に投げた投手から話してもらうのはもちろん、「おれはこう思う」「自分ならこうする」など意見をぶつけてもらう。

ひとつ注意しているのは、ネガティブな話から入らないこと。

例えば、前日登板したある投手の自己評価が「20点」だったとする。80パーセントは駄目だったわけだから、そっちのほうがよっぽど話のネタはある。だが、そこをつついてしまえば、嫌な空気が拡がって、オフィスにいる全員の気持ちが沈んでしまう。

だから「20点は、なにがよかったの？」とまずポジティブな面から掘っていく。周りもそれについて話してくれるから、20点なのに褒められているような気になる。前向きな気持ちが、できなかった80点を改善する力になる。

オフィスでは、ときに大きなテーマを提示することがある。一度、「心技体、どれが一番大事か」というテーマで議論した。

僕の問いかけに、その場にいた選手たちは、みんな「メンタルが一番」だと答えた。僕は違うと思った。だから「体力じゃないかと思うんやけど」と投げかけてみた。そうしたら、みんなが考えはじめた。そこである選手がこう言った。

「そうですよね、健康で体力があれば、技術の練習もたくさんできますし、それに伴ってメンタルもよくなりますよね」

僕は心の中で「しめしめ」と思った。

心技体では心、メンタルが一番大事だと考えがちだが、一概にそうとは言い切れない。選手のレベルによってはメンタルを重視しなければならないが、心技体すべて重要な要素である。そのことに気づいてほしかった。

対話を通じて、選手にはいろんなことに興味を持ってもらう。

「なぜ?」「どうして?」それが新たな向上心を呼び起こすことにもなる。向上心を持って自発的に行動していれば、それが新たな好奇心を生む。この2つセットの好循環が生まれる。

日本は米国と比べ、議論に慣れていない。学校の教育システムの影響もある。議論する、討論する機会が少ないのだ。それが、他人と違った意見を表明することがはばかられるような空気をつくっていると思う。

大リーグのチーム内のミーティングなんて、僕から見ればぐちゃぐちゃだ。最後は「空中分解」して終わることもたびたびある。でも、向こうではそれが普通だ。簡単にまとめよう、意見を集約しようと考えるより、ひたすら意見をぶつけ合う。その場は物別れに終わっても、帰り道でそれぞれが考えるだろう。「あいつはああ言っていたけど、おれは違う」とか。そういったことの繰り返しが、思考を回す訓練になる。

僕の「オフィス」での議論も、よりいいものにしていきたい。チーム全体のミーティングでも選手が発言したり、話し合ったりする機会をもっともっと増やすのが理想だ。

若手が登板したあとであっても、「振り返り」を行わないことが、稀にだがある。振り返る以前の問題がある場合だ。

2017年シーズンの後半にあった事例では、ある若手のリリーフ投手が、新品のスパイクを履いて登板した。普通はある程度練習で使って、足になじませてから試合で履くべきなのだが、彼はそうしなかった。周囲からも「大丈夫なのか？」と指摘されたが、「大丈夫ですよ」と気にしていなかった。イニングの頭から登板したのだが、案の定というか、懸念していた通り、四球を連発した。ピンチをつくって降板し、後続も打たれて失点した。彼はベンチで顔面蒼白になっていたが、時すでに遅しだ。プロとしての自覚が問われる行動だ。準備の大切さをわかっていないのだ。

僕はあえてなにも言わず、ほうっておいた。「このままでは本当にヤバい」と彼は自分で気づかなければならない。自分で気づいて、意識に焼きつける必要がある。それができないのなら、プロの世界にはいられないだろう。

興味が芽生える→
自発的に行動する→
さらに興味が芽生える。
これが成長のサイクル。

取材対応は絶好の「振り返り」

効率的で手っ取り早い、「振り返り」のやり方がある。

野球選手など一部の職業にかぎられるのだが、それは試合後に記者の質問に答えることだ。

質問に対して、選手もしっかり言葉で説明する。自分のプレーや感覚を客観的につかんでいないと言語化できない。記者の質問に答えることで、言語化能力、自分を客観視する力はいやでも磨かれていく。

その試合でいい結果が出なかったり、不調が続いていたりするときは取材がおっくうになるものだ。だから「ノーコメント」と一言だけ残して逃げるように去っていく。あるいは単に「面倒くさい」という理由で、好不調にかかわらず試合後の取材には応じないというタイプもいる。

球団によって対応が異なるようだが、日本では、その日活躍した選手のうち指名された選手は短時間の「囲み」取材を受けることが多い。記者が選手を囲んで、次々に質問をしていく。これに漏れた選手のほとんどは、基本「ぶら下がり」取材になる。引き揚げる際に記者と一緒に歩きながら受け答えし、ときに駐車場までそれが続く。

メジャーでは、「プレーの内容を話すことも選手たちの仕事」という考えだ。

一定の時間、ロッカールームがメディアにも開放され、選手たちは逃げられない。キャンプ時にはメディア対応の講習会も行われる。メジャーの一流投手は切り替えが非常に早い。たとえその日にボコボコに打たれたとしても、まるで他人事のように説明し、きちんと記者の質問に答えることができる。

僕は日本でプレーしていたときは、まだ自分の感情をコントロールできなかった。試合後の取材対応が悪く、メディアからあまり好かれていた選手ではなかったと思う。ニューヨーク・メッツに移籍し、最初のキャンプで講習を受けたことで、自分のピッチング内容が良くても悪くても、きちんとコメントするようにした。そうしたら、辛辣で有名なニューヨークのメディアから「グッドガイ賞」をいただいた。記者の投票で選ばれたのだ。

当時、同じニューヨークにはニューヨーク・ヤンキースの伊良部《いらぶ》秀輝《ひでき》投手がいたのだが、こちらはメディアとの仲が悪かった。「ニューヨークの良い日本人（吉井）と悪い日本人（伊良部）」なんて言われ方もした。実際には僕もインタビュー中にいらいらして、たまに暴言を吐くこともあったのだが、ジョークととらえられた。本当は「どちらも悪い日本人」なのだが、メディアへの対応で周りの印象はだいぶ変わるということだ。伊良部はチームメイトとしてはグッドガイだった。

ちなみに「グッドガイ賞」は、読売ジャイアンツやヤンキースなどで活躍したスラッガー、「ゴジラ」こと松井秀喜も受賞している。こちらは誰もが納得の選考だろう。その日に打てようが打てまいが、調子が良かろうが悪かろうが、彼は試合後必ず報道陣の前に立っていた。日本で日々報じられる大リーグのニュースで彼がコメントする姿が必ずといっていいほどあったのは、いつもこまめに取材に応じていたからだ。彼は今でもニューヨークの人々に愛されている。

取材がなければ疑似インタビュー

僕が初めて日本ハムファイターズの投手コーチになってから3年目の1年間、一度だけ二軍を担当したことがある。このとき、選手同士にインタビューさせる実験をした。その日の試合に登板予定のない投手のうち2人を指名し、試合後、新聞やテレビの記者役をやってもらうのだ。

一軍なら、先発陣の中でその日の登板がない（ベンチ登録を外れた）投手は最後まで試合を見ずに引き揚げても構わないのだが、二軍はそれがない。ただぼーっと試合を見ているだけではもったいない。試合後にインタビューしなくてはいけないとなれば、集中し、投球を観察するだろう。それもまた勉強になる、一石二鳥だと思った。

後輩が先輩に鋭い質問を浴びせると、先輩が怒り出し、ケンカになりそうなこともあり、とても興味深かった。後輩に痛いところを突かれて頭に来ている先輩も、怒りながら説明していた。

それくらい真剣に考えてもらえば、互いにプラスになる。

三人称で日記を書き、自分を客観視する

メジャーでの現役生活の間、毎日、日記を付けていた。「メジャーで大活躍したら、本でも出したいな」くらいの不純な動機だったのだが、これが功を奏した。

人に読ませるのが前提だから、あくまで客観的な目線で書いていた。「わしは……」で

はなく「吉井は……」の目線で。2、3行で終わる日もあるが、登板した日はノート1ページにびっしりと書いた。文字にすることで頭が整理され、試合中にはわからなかったことにも気づけた。

メジャー1年目のオープン戦で、大阪近鉄バファローズ（現オリックス・バファローズ）時代の後輩かつ大リーガーの先輩、野茂英雄と投げ合ったことがある。その日は、数字のうえでは投球内容は僕が勝っていた。野茂はワンバウンドのフォークばかり投げていた。

だが、机に向かって試合を思い返しているうちにふと気づいた。僕は開幕ローテーション入りを目指し、アピールしなくてはいけない新人。しかし野茂はロサンゼルス・ドジャース先発陣の柱だ。彼は開幕戦に向けてフォークボールの精度を上げるための投球をしていたのだ。それに比べて僕は、結果がほしくて思い切りぶん投げていただけだった。

「こういうレベルでやってたんじゃ、この先はないな」と痛感させられた。

大学院に通っていたとき、スポーツ心理学の勉強会で先生にこのことを話したら、「いい『振り返り』が自然とできていたんですね。客観的に自分を見ることができたので、うまくいったんでしょう」と言われた。現役時代、僕は日記を付けることで、図らずも「振り返り」作業をこなしていたのだった。

日記は振り返りの有効な手段だ。先に述べた通り、日記を付ける際の人称は「ぼくは、わたしは」の一人称ではなく、「彼は、彼女は」の三人称をおすすめする。

第3章
目先でなく、トータル

監督（上司）に口を閉ざしてはダメ。意見は必ず伝わる

僕は投手コーチで、チーム内では「中間管理職」に当たる。自分が指導する立場、いわば「部下」とのコミュニケーションをいくつか紹介してきたが、ここでは上司である監督とのコミュニケーションを取り上げたい。

２００８年、僕が初めて北海道日本ハムファイターズで投手コーチに就いたときの監督は梨田昌孝《まさたか》さん（現東北楽天ゴールデンイーグルス監督）だった。５年目の２０１２年から栗山英樹監督に代わり、同年、僕はいったんプロ野球界を離れた。２０１５年に福岡ソフトバンクホークスで復帰したときの監督は工藤公康《きみやす》さん。翌年に日本ハムファイターズへ移り、再び栗山監督の下でコーチをすることになった。

日本ハムファイターズで2度目のコーチ就任の際、球団の編成の方は「どんどん（監督と）けんかしてください。そのために呼んでますから」とおっしゃった。

当然ながら、殴り合えとか、罵り合えということではない。言葉の意味は「監督がやることに対して『イエス』しか言わないようなコーチはいらない」ということだろう。投手

コーチの立場として意見することとは、どの監督のときも常にやってきた。それは今後も変わることはない。そうでなければ、コーチとしての存在意義が問われる。

のちほど詳述するが、投手コーチとしての最大の仕事は、1年間通して投手の心と体のコンディションを良好に保ち、気分よくマウンドに上がってもらうことだと、僕は考えている。それが結果的に、チームの好成績につながる。

毎試合前に、その日の選手起用の方針を監督と話し合い、ブルペンについて情報を共有している。「○○はきょう投げると連投になるので、明日の試合は使えなくなります。その前提で起用を考えましょう」「○○はちょっと調子が落ちていますから、二軍から上がってきた××を使ってみてはどうでしょうか」などと伝える。

監督がシーズン中盤あたりで、「きょうはどうしても勝ちたいから」と無理を言ってくるときもある。そのときは説得を試みる。僕はけっこうガーッと言ってしまうタイプなので、言い合いになってしまうこともある。だが、監督にみずからの考え方を伝えることは大事だ。全部ではないにしても、意見を取り入れてもらうに越したことはない。監督の考えも変化していくわけだから、その都度話し合うのは重要だ。

ただし、最終決定権を持つのは監督である。チームの成績が悪ければ真っ先に責任を問われるのは監督だ。監督がこうと決めたなら、僕は投手コーチとして、その決定を前提とした次善の策を考える。

とはいえ、監督も誰を起用するか、迷うときがある。

そういうときは「監督の信頼度で決めてください」とお願いしている。どんなにデータや情報があっても、最後はやっぱり信頼だ。

監督とコーチの関係もしかりで、信頼関係がなければ成り立たない。信頼関係を形成するうえでもっとも重要なのは、コミュニケーション、対話である。

監督との口論は人目のないところで

栗山監督はほかの人にはない自由な発想を持っている。常識にとらわれず、いろんなことを試す。「何事もやってみなければわからない」という信念があるのだ。大谷翔平（現ロサンゼルス・エンゼルス）の二刀流挑戦を最大限に後押ししてきたのも、この考え方があるからだろう。

リーグ優勝・日本一を遂げた2016年は、リリーフとして不調に陥っていた増井浩俊《ひろとし》

（現オリックス・バファローズ）を先発陣に入れたことで、復活させた。

もちろん失敗例もある。同年、クローザーを任されていたクリス・マーティン（現テキサス・レンジャーズ）がシーズン終盤に故障した。すでに先発に回っていた増井をまたリリーフに戻すわけにもいかない。そこで、先発の吉川光夫（現読売ジャイアンツ）をクローザーに据えたいと、監督から相談を受けた。相談と言っても、もう監督の腹は決まっていることがほとんどなのだが。

僕は、今いるリリーフ陣のやり繰りで最後まで乗り切れるし、吉川はタイプとして向いていないから、失敗する可能性が高いと思った。だが一方で、実際にやってみたわけではない。「もしかしたら」があるかもしれない。そう思って、「それでやりましょう」と反対しなかった。大学院で学んだことで培った、研究者としての視点から、「こういうタイプの選手に、こういうことをやらせたらどうなるだろう」という関心もあった。

残念ながら、結果は思った通り失敗だった。監督は、すぐにあきらめた。「そんな覚悟でやるなら、もう協力しませんよ」と一言、文句を言ったのを覚えている。

監督とのコミュニケーションは重要だが、注意すべき点がある。穏やかに話し合っている場面はいいのだが、そうでない場面は選手に見られてはいけない。

監督とコーチの関係が険悪になっていると思われると、選手の間に不安が拡がってしまう。栗山監督からも「吉井、選手が見ている前ではやめとこうな」と言われている。だから、話し合いは試合前に済ませておく。

これは、2012年シーズン終了後に、僕が日本ハムファイターズを離れる原因になったことでもある。当時、僕はリリーフ陣の起用法を巡って監督ともめていた。こちらは隠していたつもりだったが、あくまでもつもりで、関係の悪さはうすうす選手たちもわかっていたようだった。

そのうえ、僕はテレビのインタビューで監督の投手起用法を批判するようなことを言ってしまった。たしか、「ブルペン陣は僕が守る」といった言葉だったと思う。最終決定権者として、栗山監督も黙っていられないのは当然だ。「どういうつもりだ」と迫られ、自分も熱くなって言い返してしまい、口論になった。溝がさらに深まってしまった。監督とコーチの仲たがいで、選手たちのパフォーマンスに悪影響を与えるわけにはいかない。一度チームを離れようと、退団を決意した。

失敗を叱るのは論外

余談になるが、「クローザー吉川」をあきらめることを伝えられたとき、栗山監督は「吉井、殴らないで聞いてね」と切り出してきた。もちろん怒ってはいるが、殴ることなどあり得ない。

「吉井はすぐキレる」というイメージを持たれているのは、現役時代の行いのせいだろう。

ノックアウトされたときはベンチで暴れ回っていた。ウォーターサーバーを破壊したこともある。それですぐに発散して、次の登板に向けて切り替えるのが狙いなのだが、周りから見れば、ただのキレやすい暴れん坊にしか見えない。

栗山監督の先の発言を聞いたとき、そうしたイメージが今でも付きまとっているのだな、と実感した。

ついでに打ち明けると、最初に投手コーチを務めた5年間で3回、選手に対して怒りを抑えきれなくなったときがある。

1回は、ある日本人の先発投手が、自分が投げている試合中に無気力な態度を見せたときだ。みんなが真剣になって戦っている最中に「相手を抑えようという気がしない」というようなことを言いはじめた。試合に出て活躍したいと思っている選手はたくさんいる。ベンチの裏に行って「じゃあ、代えてやる」と告げたら、さらにぶつぶつと言い出した。僕は頭に来て「お前なあ！」と大声を出し、彼がもたれかかっていた壁に腕をドンと突いた。そうしたら梨田監督が血相を変えて飛んできて「吉井、殴るなよ、絶対殴るなよ」と言って止めに入った。もちろん殴る気は毛頭ないのだが、こっちも熱くなっていたので、監督が割って入ってくれて助かった。

あとの2人は外国人投手だった。そのうち1人は打たれた自分を棚に上げて、すぐ他人のせいにしていた。何度かそういうことが続いたので、「おい！」と背中をつかんだら、爪でガリッと引っかいてしまった。でも、あとで向こうから「自分が悪かった」と謝りに来てくれた。

外国人選手の中には日本人を見下している者も一部いる。僕は元メジャーリーガーでもある。彼らにとってメジャーリーガーの肩書は無視できない。僕が外国人選手と信頼関係を築くうえで役に立っている部分もあると思う。

外国人投手のもう1人は、試合中に作戦を指示しているときに、別の選手と関係のない話をしていたのだった。「ちゃんと聞け！」と札幌ドームのベンチの壁を殴ったら、ボコッと穴が開いてしまった。後日、弁償を求められることになった。

大学院で学んでからは、選手に怒りをあらわにしたことは一度もない。怒っても関係が悪化するだけで、コーチングにおいてなんの意味もないことだとわかったからだ。

先ほどの日本人投手のように、無気力な態度を見せたときは強く叱ってもいいと思うが、それ以外のことで怒ったりしてはいけない。特に失策など、試合中の失敗に対して、怒鳴ったり、叱ったりするのは論外だ。その選手自身が、失敗したことを十分わかっている。その点を強く指摘するのは傷口に塩を塗り込むようなものだ。選手はショックを受けるか、へそを曲げてしまう。どちらにしてもいいことはない。

怒っても
関係が悪化するだけ。
指導において
なんのメリットもない。

苛立ったら、叫べ

コーチとは、多方面に神経を使う立場だ。現役時代のように体を酷使してはいないが、頭は常にフル回転している。僕はサラリーマンの経験はないからわからないが、世の中の中間管理職の方々も、同じように苦労されているのだろう。

僕のストレス解消法は、散歩だ。札幌ドームの周りをぐるぐる歩く。遠征のときは、宿泊しているホテルの周辺を歩いている。時間や距離は特に決めず、気が済むまで歩き続けている。

ただ歩いているだけなのだが、次第に頭の中が整理され、スッキリした気分になってくるから不思議だ。

現役時代は登板翌日のウエイトトレーニングがストレス発散の場だった。勝利の翌日は自然と気分よくできる。負けた翌日は、それこそ「うおりゃー！」などと叫びながらガンガンやっていた。体を鍛えることと、心のリフレッシュを同時にできる、いい方法だと思う。コーチになってからも、よくウエイトトレーニングで気分転換をしていた。

最近はさすがに年も年なので、ランニング、ウォーキングと、運動の強度は下がってきているのだが、体を動かすことは脳にも非常にいい刺激になる。

現役の若手に僕がすすめたいのは「叫ぶ」こと。

これは、昔から大ファンだったオーレル・ハーシュハイザーから教わった。大リーグで通算204勝を挙げた名投手で、59イニング連続無失点という大記録も持っている。彼のキャリア晩年に、ニューヨーク・メッツでチームメイトになれたのは幸運だった。

大リーグには、僕の現役のころと同じように、ノックアウトされるとベンチで暴れるタイプの投手はけっこういる。ベンチに下がるときはおとなしいが、ロッカールームで大暴れする者もいた。なにかの備品や壁を壊してあとで請求書を送られることは、高給取りのメジャーリーガーにとってちっとも問題ではない。

そうではなく、物に八つ当たりしたことで、みずから負傷してしまうことが大問題だ。まったく余計な負傷によって多くのものを失うことになる。

実際、日本でもそういう例があった。利き手とは逆の手だったが、ベンチの壁を殴って骨折した投手がいる。のちにメジャーで本塁打王にも輝いた外国人選手は、三振の悔しさのあまりにバットをグラウンドに投げつけたら、そのバットがはね返ってきて手に当たり、骨折した。

プロ選手は体が資本だ。故障をすれば試合に出られなくなる。結果を出す以前の問題だ。

その点、叫ぶだけなら、どんなにやっても喉を痛める程度で済む。ハーシュハイザーには技術的なことや感情のコントロールについてもアドバイスをもらったが、この叫ぶことひとつ取っても、一流のメジャー選手としてのプロ意識が表れていると思う。

付け加えると、時代によって周りの見方も変わっている。僕の現役のころは暴れていても、さしてお咎《とが》めなしだった。チームメイトにも、ほかのチームにもそういう選手がたくさんいたからだ。みんな慣れっこで、「気持ちが入っていた」とポジティブにとらえる空気さえあった。

ところが今は、こういう選手がいると、逆にベンチがしらけてしまう。いい気持ちがしないというファンもいると聞く。日本ハムファイターズではベンチで暴れることを禁止している（ベンチ裏ではＯＫ）。

僕は次の登板に向けたスイッチの切り替えとして、暴れるのは大いに「あり」だと思っているのだが、これも時代の流れなのだろう。

万全の準備はむしろ弊害を生む

1年を通して投手陣のコンディションを保つには、体と心、両面から見ていく必要がある。

先発メンバーはある程度固定されていて、ローテーションを組んでいる。日本のシーズン日程だと、だいたい週に1日は試合のない日（主に月曜日）があるので、6人を中6日でまわす。それぞれが週に1回先発登板するペースだ。

抑え役のクローザーの出番は最後の1イニングが基本になる。リードが1~3点のとき、クローザーにとっての大事な記録、セーブが付く場面で投げるのがほとんどだ。プレーオフなどでは8回からマウンドに上がることもあるが、起用法はそこまで難しくない。クローザー本人も、どのタイミングで出番が来るのかわかっているので、ブルペンでの準備はしやすい。

もっとも準備が大変なのは、リリーフ、中継ぎ投手たちだ。

試合の流れによってはある程度出番が読める部分もあるが、マウンド上の投手が突然、打ち込まれたり、四球を連発して交代というのは珍しくない。監督が交代を決断しても、まだ準備が整っていないときもある。

僕は現役の大阪近鉄バファローズ（現オリックス・バファローズ）時代にクローザー（7回から最後まで登板することもあったが）を経験し、その後は先発投手を長く務めた。クローザーは、リードされているときは登板することがない。「よし、ここはおれの出番やな」というときに、ベンチも「行け」となる。はっきり言って、特段、考えることはなかった。

大リーグの最後の年に、一度だけロングリリーフをやった。このとき初めて中継ぎ投手の準備の仕方、その大変さ、難しさを知ることができた。

監督の立場からすれば、リリーフ陣の全員が「いつでも行ける」状態が理想なのは理解できる。相手の打順や、打者と投手の相性なども加味して、最善手を打ちたいからだ。だが、リリーフ陣がその期待に応えようとすれば、常に誰かが準備しなくてはいけない。相手打者が右か左かで起用を変えるつもりなら、2人のうち1人は、準備してもそこでの出番はないわけだ。

これが積み重なっていくと、リリーフ陣の疲労はどんどん蓄積する。シーズン途中でリリーフ陣が崩壊してしまいかねない。

クローザーは最後を締める、敗色の濃くなった相手にとどめを刺すような存在だ。圧倒的なクローザーがいれば、それだけで相手にあきらめムードが漂うこともある。

ところが、リリーフが投げる中盤から終盤にかけては、試合の流れがどちらに傾くかわからない、一進一退の場面が多い。ここでの好投が、相手の流れを断ち切り、味方を勢いづける。リリーフ陣が充実していると、競り合いを勝利に結びつけることができる。とても重要な役割だ。

「いつでも行ける」状態を
維持しない。
メリハリをつける。

投げないと肩がつくれないというのは思い込み

日本の投手はブルペンで球数を投げすぎる傾向がある。肩を温めつつ、速球、変化球、フォーム、いろいろなところを確認しておきたいのだ。だいたい25球くらいかける投手が一般的だろうか。

僕は、これはちょっと多すぎると思う。レギュラーシーズンだけでも140試合以上あり、クライマックスシリーズ、日本シリーズに進めば、試合数はさらに増える。ちりも積もれば山となる。シーズン最後まで力を発揮するには、なるべく疲労の蓄積は避けたい。

日本よりもさらに試合数が多い大リーグでは、ブルペンで体操をしたり、チューブを引っ張って肩回りの運動をして血行を良くしてから、投げはじめる投手がいる。中には、キャッチボールの1球目から力を込めて投げる投手もいる。人それぞれだが、みんな球数を少なくしようと努めている。

僕はリリーフ陣に対して「15球以内で肩をつくってほしい」とリクエストしている。これまで球数を費やして肩をつくっていた投手はみんな「そんなの無理」と驚くのだが、やってみればできるようになる。ようは慣れの問題だ。中にはわずか7球でできるようになった者もいる。

日本では味方の攻撃が2アウトになると、投手がベンチ前でキャッチボールをはじめるのがおなじみの光景になっている。プロ野球にかぎらず、高校の甲子園大会でも目にする。次の回から交代で入る予定の内野手もやっている。

だが、あれは本来、ルール違反だ。プレー中の選手以外は一、三塁のコーチとネクストバッターズサークルで待つ次の打者だけしかグラウンド上にいてはいけない。日本では黙認されているだけなのだ。メジャーではもちろんしないし、国際試合でもしない。

日本の投手がメジャーに移籍すると、この対応をどうするかが話題になったりもするが、ルールでできないことになっているのだから、対応するしかないし、実際にできている。アマチュア時代からの慣習になってしまっているから、投げないと肩がつくれないと思い込んでいる。

いっそ日本も禁止すべきではと思う。そうすれば、子どものころから少ない球数で肩をつくる習慣がつけられる。

「とりあえず」はNG。疲労させるだけ

肩をつくる球数を減らすのと同時に、準備は1回だけ、出番の直前だけにしたい。

日本は昔から、その日のブルペンに入った投手は「とりあえず、肩を1回つくっておく」という習慣があった。そうしておけば緊急時にもすぐに対応できるから、ということだ。だが、登板するかどうかもわからないのに余計な労力を使っていると、シーズンの終盤にそのツケを払うことになる。日本でよくあるベンチからの指示はこうだ。

「ゲームが動くかもしれないから、投げるかどうかわからないけど、1回（肩を）つくっておこうか」

このとき球数を少なくしておけばまだいいのだが、選手は「出番が来るかも」と思っているから、「とりあえず」と言われていても、しっかりつくってしまう。

「やっぱり出番ないみたいだから、待機しておこう」

「出番があるかもしれないから、もう1回やってくれ」

また指示されたので投球練習をしていると、「あ、でも今はいい」となる。

こういうことをしていると、1試合の間に3、4回肩をつくることになる。1回あたり25球だとすれば、登板前の時点ですでに75～100球くらい投げている。このあとマウンドに上がるのはきつい。結局、その試合で登板しなかったとしても、負担は大きい。リリーフ陣は見えない仕事量がとても多いのだ。

「準備は1回だけ、15球以内で」なら、負担はぐんと減る。これが何試合も積み重なっていったら、とても大きな差になる。どちらがシーズン終盤までコンディションを維持しやすいかは明白だ。

このやり方を、日本ハムファイターズは僕がコーチになる前から取り入れていた。おそらく、梨田監督の前任者、トレイ・ヒルマン監督が大リーグ式のやり方を取り入れたのだと思う。僕の就任当初から、日本ハムファイターズにはこれができる選手が多かった。

僕は2015年、ソフトバンクホークスでもこの方式を導入した。ブルペン担当のコーチだったため、直接ブルペン内をチェックすることができた。それまでは、リリーフ陣の大多数が旧来の方法でやっていたのだが、米球界の経験があるデニス・サファテや五十嵐亮太などはすでに実践していて、若手にもすすめてくれた。

ある日、マウンド上の投手が突如、打ち込まれだした。「こりゃ、まずいな」と思った。準備をはじめさせたところで、ベンチからの電話が鳴る。「〇〇は行けるか？」。僕は「まだできていません。あと（打者）2人待ってください」と答えた。あとで「ブルペンはたるんでいる」と工藤監督から叱られた。監督の立場としては、常に準備をしていてほしいと思うので、怒るのももっともなのだが、それでは1年間ブルペンはまわらない。工藤監督ともよく話し合った。

今、僕はブルペン担当ではないので、試合中は栗山監督の近くに立つことが多い。だが、ずっとベンチにいるわけではない。味方の攻撃中は極力、ブルペンに行くようにしているから、ベンチを留守にしている時間もけっこう長い。

テレビ中継で、ベンチの監督や投手コーチがテレビカメラに抜かれるのはたいていピンチの場面なので（表情や、投手交代の動きがあるかどうかに視聴者の関心があるからだろう）、吉井はいつもそこにいると思われるかもしれないが、実際は違う。ブルペン全体の雰囲気を観察し、ブルペン担当のコーチとこまめに情報共有するのは大切だ。

普段からブルペン捕手ともよく話をする。彼らは毎日、リリーフ陣の球を受けている。準備の仕方も見ている。「体が重そう」など、そういう細かな変化にも気づいてくれる。リリーフ陣のコンディション管理にとって、ブルペン捕手の目はとても参考になるのだ。

本番直前の準備は最小限に。
エネルギーをそそぐのは
あくまでも本番。

起用にセオリーはない。常に適材適所で判断する

投手交代のタイミングは、イニングの頭からがベストだ。「次の回から行くぞ」と言われれば、体も心も準備がしやすい。先発が6回終了で降板したとすれば、7回を2人目、8回を3人目が投げ、9回をクローザーが締める、という流れだ。

このパターンの典型的な例が、2000年代半ばの阪神タイガースだろう。(J)ジェフ・ウィリアムス、(F)藤川球児、(K)久保田智之に、7、8、9回の1イニングずつを任せる方式を取った。3人の頭文字を取って「JFK」と呼ばれた勝利の方程式だ。こういったパターンが確立しているチームは強い。

相手の打者との相性を考えて、「○番打者に回ったら○○に代える」という方針だと、リリーフ陣の準備はとたんに難しくなる。

例えば、相手の攻撃が7番からはじまる場合。打順1番まで右打者が4人並ぶが、2番打者から3人は左打者が続くとする。もし2番打者まで回ったら投手を交代するという方針だとすると、相手の攻撃が三者凡退か、走者を出しても1人までで済めばいいのだが、

そうなるとは限らない。次に投げる予定の投手は準備をしなくてはいけない。1アウトで一、二塁に走者が進み、「よし、出番がくるな」と思って準備のピッチを上げたら、ダブルプレーでチェンジになることもある。そうなれば、出番は味方の攻撃を挟んでからになるか、出番そのものがなくなってしまうかもしれない。肉体的にも心理的にも、負担が増えてしまう。

ちなみに、日本では「左打者には左投手」「右打者には右投手」というのが、いまだに投手起用の定説とされている感があるが、それは誤解である。

打たれやすいか、打たれにくいかは、ボールの軌道や持っている変化球によって決まってくる。だから、単に左だから左、右だから右と考えているわけではない。左打者に対して投げづらいと思っている左投手もいるし、左投手を打つことを得意にしている左打者もいる。右対右でもむろん同じだ。

日本ハムファイターズには2016年シーズンオフに読売ジャイアンツからトレードで加入した公文《くもん》克彦という左腕がいる。彼の一番の武器は、スリークオーターのフォームから繰り出される、右打者のインコースをえぐる150キロの速球だ。多くの投手は本塁に向かって真っすぐ足を踏み込むのだが、公文はプレートと本塁を結ぶ線の外、左側に踏み込む。そこからベースの右端に向かって投げる。そうすることで、球の軌道に角度をつけている。左打者から見ると、球の出所は背中側だが、そこから外角に遠ざかっていくように見える。逆に右打者から見れば、自分のほうに向かって来ている感覚になるわけだ。

実際に、右打者のほうが公文を嫌がっているし、本人も右打者に対して自信を持って投げている。だから右打者が並ぶところで当然のように公文をマウンドに送るのだが、テレビ中継のアナウンサーや解説者からは「右が続くのに左の公文ですか？」なんて声が上がったりする。

左右どちらかに極端に弱い打者は、右か左、苦手なほうが先発だったら、スタメンから外されてしまう。先発出場できても、投手が代わったら代打を送られてしまう可能性が高い。出場機会がぐっと減ってしまう。だから、左右関係なく打てるように練習している。

左投手をたくさんぶつけられる左打者は、当然対策をする。そうして、むしろ右よりも左投手相手のほうが得意になった左打者もいるだろう。どうしてもどちらかの投手が打てない場合は、スイッチヒッター転向を試みるのではないか。

各投手と打者の対戦データをみれば、傾向はわかる。単に左だから、右だからと考えることはない。

個体差がもっとも出るのはメンタル

日本の先発投手は週に1回の登板が基本になるが、リリーフ陣の登板日は当然、事前に決まっていない。連日投げるときもあるし、間隔が空くこともある。

早い回で先発が大崩れして長いイニングをロングリリーフすれば、それから1週間以上登板機会がないこともままある。

一概にリリーフといっても、体質や性格も考えて起用方法を決める必要がある。2日連続で登板する「連投」をしても、まったくと言っていいほど影響がないタイプもいれば、2日目だと明らかにパフォーマンスが落ちるタイプもいる。だがこの点は、体力的、技術的な面から改善のできる部分がある。それよりも個人差、適性の差が大きく出るのは「回（イニング）またぎ」の場合だろう。

マウンド上の投手ではこれ以上抑えられないと急遽《きゅうきょ》、イニング途中に起用される。すでに走者を背負ったピンチの状況である。ある程度リードがあれば「1、2点やってもいい」と少しは気が楽なのだが、ここは1点も取られたくない、僅差のリードの場面。おのずと気合いが入る。３つ目のアウトを取って、ガッツポーズ。ベンチに悠々と引き揚げてくる――。

ここで考えなくてはいけないのは、次の回もこの投手に投げさせるべきかどうか、だ。勝ちパターンで投げるリリーフ陣は人数が限られる。代えるとそれだけ多くの投手を使ってしまうことになる。たったいま窮地を脱する好投を見せたばかりの投手だ。「次の回も」と思うのは自然だ。

だが、投手は一度ベンチに下がると、味方の攻撃中にどうしても気持ちが落ち着いてしまう。さっきマウンドに上がっていたときと同じテンション、緊張状態を保ち続けるのは困難なのだ。次の回も行くとなれば、気持ちをもう一度、引き上げないといけない。

この切り替えが得意な投手なら、回またぎもまったく苦にならない。だが、切り替えが苦手な投手の場合だと、次の回では別人のように打ち込まれたりする。

もちろんメンタル面も訓練できるが、個人のもともとの性格によるところも大きいので、ベンチはその点をしっかり把握しておかなくてはいけない。

切り替えが得意、不得意は
ほぼ生まれ持ったもの。
そこを見極めてあげるのも
指導者の役目。

プレッシャーのかかる場面こそ若手を起用

連投になってもそれほど力が落ちない、苦にしないという投手でも、3日連続で登板させるのはなるべく避けたいところだ。これがシーズン途中に2、3回あると、その後のパフォーマンスに大きく影響する。シーズン終盤で優勝争いをしているときは、3連投もやむを得なくなることもある。投手は試合で投げるために球場に来ているのだから、どんな状態でも懸命に投げようとする。

だからこそ、監督・コーチがやるべきことは、むしろ制御する、コントロールすることだ。シーズン序盤から無理な起用を重ねていると、勝負どころの終盤やプレーオフで力を発揮できない。投手がどんなにやる気満々でマウンドに上がっても、体がついてこなくなってしまう。

2016年の日本ハムファイターズは終盤に首位に立ちリーグ優勝したが、レギュラーシーズン中に3連投した投手はほとんどいなかったはずだ。

連投させないように首脳陣が気を配って起用していることは、言葉にしなくても投手たちに伝わるものだ。

「大事に使ってくれているんだな」と思ってくれているなら、シーズン終盤で少々無理を頼まれたときでも「はい。任せてください」と気持ちよく言える。逆に序盤から無理な起用を続けていると、「え？　またですか？」となる（もちろん口には出さないだろうが）。

これでは投手は気持ちよくマウンドに上がれない。結果、高いパフォーマンスを発揮できなくなる。連投起用しないことは、心のコンディションを整える意味で、重要だ。優秀だから、頼りになるからとこき使えば、必ずひずみが生じる。

多くの監督は「今、勝っておかなくては、終盤に優勝争いに加わるチャンスすらなくなる」と考える。出身ポジションにかかわらず、日本プロ野球の監督は攻撃を優先的に考える傾向がある。投手中心に考えるタイプは少数派だ。

外野手出身の栗山監督は前者のタイプだと思う。攻撃中心の監督は、1点負けている場面で「ここを抑えれば、次の回で逆転する」「きょうはどうしても勝ちたいから、○○を使いたい」と考え、勝ちパターンのリリーフ投手をつぎ込もうとしがちだ。

だが、それをやってしまうと、勝ちパターンのメンバーの負担がどんどん増えていく。疲労が蓄積され、肝心なところで力を出せなくなっては困る。

ここは、投手コーチと監督のせめぎ合いになる。監督は監督でシーズン全体の流れを考えて、「きょうはどうしても勝ちたいから、○○を使いたい」と言ってくる。監督としての、勝負師の勘が働くのかもしれない。だが、コーチとして簡単に「はい」とは言えない。

シーズンの序盤、中盤では「Aチーム」を無理に起用するくらいなら、僕は積極的に「Bチーム」の起用をすすめる。まだ一軍に定着しきれていない投手の飛躍のきっかけにしたいからだ。大量リードされているときに投げる、いわゆる敗戦処理では、接戦の緊張感が得られない。試合が拮抗している場面、プレッシャーがかかる状況で、どんな投球ができるか。良い結果が出れば、大きな自信になる。たとえ結果が悪かったとしても、一軍のマウンドの厳しさを知ることができたのは大きな収穫になる。反省点を材料に成長すればいいのだ。

特に1点差で負けている場面では、ぜひBチームを使いたい。Aチームを出してきっちりゼロで抑えてもらい、逆転への勢いをつけたい気持ちもわからなくはないが、そうするとAチームばかりにしわ寄せがいくし、Bチームが成長できる場面で投げる機会を失ってしまう。「B」が「B」になり、「A」になるために、それは絶対必要だ。

起用をすすめた投手が結果を出せなかったのなら、それは投手コーチが責任を負えばいい。

目先の勝利にとらわれていては、チームとして成長できない。むろんそのことは監督も心得ている。だが同時に、監督は常に結果を求められる立場だ。

だから、たとえ意見が食い違ったとしても、「この監督に話しても無駄」とコミュニケーションを放棄するのは誤りだ。逆だ。食い違うからこそ、コーチは監督と密なコミュニケーションを怠ってはいけない。

チームの特色はブルペンの動きにあらわれる

終盤にリリーフ陣が力を発揮することができなくては、長いシーズンを戦い抜いて、優勝することはできない。ただの自慢話に聞こえるかもしれないが、結果もついてきている。

2017年シーズンまで計8年間投手コーチを務め、うち4シーズンでリーグ優勝した。もちろん、優勝が自分の功績だとは毛頭思っていないが、2015年からは2年連続で、異なる2チーム（ソフトバンクホークス、日本ハムファイターズ）で日本一を達成することができた。

僕は、僕のやり方を信じている。

2年連続の日本一は、どちらのチームもブルペン陣のコンディションを最後まで維持できたのが大きかったのだと思う。２０１７年のソフトバンクホークスは、優勝を逃した前年からそこをしっかり修正してきた。

ブルペンで余計な球数を投げさせないという方針は最近、ほかのチームにも拡がっていると報じられている。今、プロが試合をする球場で、スタンドから見える場所にブルペンがある球場は少なくなったが、西武ドームや神宮球場などに足を運んだ際には、ぜひ両チームのブルペンの動きに注目してほしい。

誰がどのタイミングで、どれだけの投球練習をし、誰が実際に登板するのか。そこにチームとしての考え方が表れている。

こき使えば、
必ずひずみが生まれる。
大切に使えば、
それも必ず伝わる。

第4章
「個性」の見極め

チームはまず個性ありき

野球という競技はチームスポーツなのだが、僕はかぎりなく個人競技に近いスポーツだと思っている。2人の投手が同時にマウンドに立つことはないし、打席に立つのは常に1人だけ。基本は投手対打者、一対一の戦いだ。それぞれの個性が集まって、そのチームの色をつくっているチームであるべきだ。

2018年の箱根駅伝で4連覇を達成した青山学院大学の原晋《すすむ》監督も「個人個人の色がまとまって、青学の色になればいい」と話していた。チームカラーが先にありきで、個々がそれに合わせるのではない。それをはき違えている指導者、コーチはけっこう多い。個性を消して、まとまって勝とうとしてはいけない。個性をいかんなく発揮し、勝っていくことで、自然とチームがまとまっていくのが理想だ。

投手陣は、ゴルフクラブのセットみたいなもの。先発投手がドライバーだとすると、ピンまでの距離がまだ遠く、距離を出したいときに使うスプーンはロングリリーフに当たる。パターがクローザーだとすれば、リリーフはアイアンになる。アイアンが一本しかバッグに入っていなかったら、さまざまな状況に対応できないだろう。バンカーにつかまったときには、サンドウエッジが欲しい。さしずめ、ピンチのときのワンポイントリリーフだろうか。

個性を出すためには、個々が自分のことをよく知る必要がある。自分がどういうタイプの投手なのか、強みと弱みを理解しておく。一軍と二軍を行ったり来たりしているような選手は、自分の特徴をつかみきれていない。周囲の声で、勘違いしてしまうこともある。アマチュア時代は強みだった部分が、プロのレベルだと平均くらいだったりする。そのためにも自分を客観的に見つめる目を養っておくべきなのだ。

配球も捕手任せではいけない。変化球の制球に難があるのに、打者が変化球に弱いからとの理由で捕手から変化球を要求されるとする。変化球でストライクを取って追い込み、真っすぐで勝負するリードなのだが、その変化球がストライクにならず、ボールになってしまう。カウントを悪くして、仕方なく真っすぐを投げ、打たれるというパターンはよくある。これでは自身の個性を殺すに等しい。

その責任は捕手ではなく本人にある。自分のことをわかっていないから、指示まかせになる。自分の持ち味を発揮できる配球はなにか。それを理解しているうえで打たれるのなら問題はない。

もしストレートを投げて打たれたら、自分の強みがまだ通用するレベルではないと悟ることができる。ならばおのずと、さらに速球を磨いたり、変化球の制球を磨いたり、理にかなった努力に向かうというものだ。

平均値を目指さず、「非常識」を目指す

日本球界では最近、「トラックマン」が流行している。軍事用のレーダー式追尾システムを応用した高性能弾道測定器で、投手が投げたボールの回転数や回転軸、打者が打ち返した打球の角度や飛距離などを正確に計測することができる。

以前から「キレのある球」という表現があるが、それを数値化できるのだ。投手のリリースポイントの微細なずれもわかる。球速しかわからなかった時代とは、比べものにならないほどの膨大なデータが手に入る。すでに大リーグの30球団は導入済みだという。データを分析するアナリストを雇うのも当たり前になっている。日本のプロ球団の本拠地も続々と導入している。北海道日本ハムファイターズでもすでに利用している。

ただし、データの読み方には注意が必要だ。プロ野球界でも誤解があるようだが、単純に回転を上げればいいという話ではない。目指すべきは「非常識」な球だ。

平均値に近い球というのは、言い換えれば「打者が見慣れている球」だ。

速球にしろ、変化球にしろ、平均値から外れているほうが、その投手だけが持つ特殊な球になる。そういう球を持っている投手は強い。

回転数が多い投手で真っ先に思い浮かぶのは、福岡ソフトバンクホークスのクローザー、デニス・サファテだ。2017年には日本新記録の54セーブを挙げた。155キロのスピードがあるうえに、強いバックスピンがかかっている。回転軸は地面とほぼ平行だ。特に高めの球は、打者から見れば浮き上がってくるように感じるだろう。打者の予測よりボールが伸びてくるので、バットはボールの下を通って空振りになる。

日本ハムファイターズで回転数が多いのは上沢《うえさわ》直之だ。球速は140キロそこそこなのだが、空振りの取れる球を投げる。

ちなみに160キロを投げられる大谷翔平(現ロサンゼルス・エンゼルス)の回転は「普通」。そのため球速のわりに伸びが少なく、空振りよりゴロの打球が多いのが特徴だ。

変化球については、例えばカーブやスライダーなら、ある程度回転数や回転軸をコントロールできるかもしれない。しっかり指をかけて投げるのか、抜くのか。軸の傾きも手首の向きなどで変えられる。だが、速球に関しては、これはもう一種の才能だと思う。回転数を上げることは、多少できるかもしれないが、球速を落とさずに回転数を落とす方法は、僕にはわからない。

もし回転数の少ない球を投げているのであれば、回転を上げる努力をして平均値に近づこうとするよりも、逆に回転の少ないことを生かす方法を考えるべきだろう。

癖を強みにする

この点について、コーチとしてうまく導くことができなかったと感じるのが斎藤佑樹だ。入団したときから、彼が理想としていた速球は伸び上がるようなイメージだった。僕が最初に見た彼の速球の印象は、「速いけど、垂れる」だった。スピードガンでは150キロくらい出ているのだが、打者の手元で沈むような球だ。僕も彼の方針がいいと思って、そのまま見守ることにした。彼の球は徐々に良くなっていると感じていた。ところが、結果はついてこなかった。

トラックマンの導入によって、彼の速球の回転数は球界の平均に近いことがわかった。つまり、彼は「強いけど回転が少ない」という特殊な球を持っていたのに、平均的な球に近づく努力をしていたことになる。

僕も「垂れる」と表現していた。「伸びる」のがいいストレートで、その反対の、マイナスイメージを持っていたのだろう。今なら「動く」「沈む」と表現する。普通に投げて自然に変化するのだから、個性そのものだ。

現役時代の僕自身も速球に癖があった。もしトラックマンで計測していたら、スピンの量は多いが、回転軸が地面と平行ではなく傾いている、とデータが示されたと思う。普通に投げても、投手から見て右方向に、僕は右投げなのでつまりシュート気味に、少しずれる軌道だったのだ。

当時もコーチから「伸びる真っすぐ」に修正するよう何度も言われた。だが、直そうとしても直し方がわからなかった。プロ2年目か3年目のときに、自分の球の特徴に気づいたので、「これを生かしたろう」と考えた。

そこで本腰を入れてシュートを覚えた。右打者の内角をえぐるように変化させることで、バットの芯を外し、詰まらせることができる。ほかの変化球と比べ動き自体は少ないが、右打者から見ると直球が途中から自分に向かってくるような感覚だ。シュートを意識していると、打者は思い切って足を踏み込めなくなるため、外角の球も打ちにくくなる。

いわゆるストレート、真っすぐは、球が1回転する間に縫い目が4回、等間隔で通過する（フォーシーム）。軌道が安定しやすく、強い回転をかければ、「伸びる」イメージだ。それに比べてツーシームは、縫い目が通過するのは2回と半分になり、縫い目と縫い目の間隔も不規則だ。なので、同じように投げると「動く」。この動きは個々の投手によって変わるが、一般的には僕と同じようにシュート回転がかかる傾向にある。僕は球の握り方をツーシームに変えて、人差し指と親指をバチンと合わせるような意識で投げるだけで、シュートができた。そもそも普通に速球を投げてもシュート気味になっていたから、早く習得できたのだと思う。

この球が僕の野球人生を支える武器になった。欠点と思われていたものを、長所に変えることができたのだ。

データは豊富にあっても、それは客観的な数字だ。トラックマンの登場で、投手は自分の球の特徴を知ることができるのだが、数字にとらわれすぎてはいけない。

日本の投手はアマチュア時代からきれいな軌道を描く、「伸びる真っすぐ」を投げるように指導されてきている。データを見て「もっとスピンをかけたい」「回転軸を地面と平行にしたい」と思いがちだ。でも、それはせっかく持っている個性を消してしまう。才能を生かす道へうまく導くのがコーチの務めだと思う。

アナリストの分析によれば、この変化球とこの変化球の組み合わせが有効だというのもわかるそうだ。だが、変化球の習得には得手不得手がある。投手それぞれ、フォームが違うのだから当然だ。

バイオメカニクス（生体力学）の分析でも同じようなことがある。投手の動作解析をした結果、「ここの部分がこうなっていますので、こうしたほうがいいですよ」と言われても、投球動作は一連の流れなので、ある一部分だけを変更することは難しい。

指摘されたポイントを意識するあまり、別の場所にひずみが生じ、そこを修正しようとしてまた別の場所がずれたりする。こうなると、収拾がつかなくなる。

科学的な分析による結果を伝えるだけなら、コーチは不要になる。膨大なデータを咀嚼《そしゃく》し、選手それぞれに合った生かし方をアドバイスできなくてはならない。僕は極力、数値は選手に伝えない。現代のコーチは、データと選手の間に入る、通訳のような役割が求められる。

欠点を突き詰めれば、
それは個性となり、
強みとなる。

大リーグではシンプルな直球が「非常識」

大リーグでは日本のようにフォーシームやツーシームという言い方はしない。全部まとめて「ファストボール（fast ball）」（速球）だ。一流投手の中には両方を使い分けている場合もあるが、基本はツーシームを投げる。といっても、握りや腕の振りで変化は千差万別だ。「ムービング（動く）ファストボール」や「シンキング（沈む）ファストボール」と表現されることが多いだろうか。速球は基本的に動くもの、という認識だ。

ニューヨーク・ヤンキースで2年連続19勝（2006、07年）を挙げた台湾出身の右腕、王建民《おうけんみん》は投球のほとんどがシンカー（右投げの投手から見て右下に変化する）気味に動く速球だった。この球をひたすら低めに集めて打ち取っていた。

国際試合で日本の選手は外国人の投げるこういった「くせ球」に手を焼くのだが、大リーグでは逆に、日本人投手の投げる「ストレート」（フォーシーム）が打ちにくいと感じている。

日本では当たり前かもしれない「真っすぐ」が、彼らにとっては見慣れない球になる。

大リーグで多くの日本人投手が結果を残している理由のひとつには、そのストレートを投げられることがあると思う。

もともと米国のスポーツ界はデータ分析が大好きなのだが、トラックマンの導入によって、より細かいデータが出るようになった。本塁打になりやすい打球の角度もわかるから、打者は積極的にフライを打ちにいくようになったそうだ。アッパースイングの軌道は低めの球を打つのに適しているが、高めに伸びるストレートには合わない。日本の投手にとってはプラスに働く。

ソフトバンクホークスの柳田悠岐《ゆうき》は特徴的だが、彼ほどではないにせよ、日本でもアッパースイングの強打者がいる。高さを間違えると一発を食らう危険もあるが、しっかり制球できるのなら、伸びるストレートが大きな武器になる時代が来ていると思う。

質さえコントロールすればオーバーワークにはならない

「投手の肩は消耗品」だと僕は思っている。同時に、上達のためには投げる量が必要だという「投げ込み派」でもある。大事なのは、質をしっかり管理すること。力の入れ具合と球数のバランスを見ていくことが大事になる。

長く投手を続けていれば、いずれは肩を故障してしまうのだが、なるべく壊さないように使っていこうということだ。

例えば、木製のテーブルを金づちで思い切りガンガンたたき続けていたら、テーブルは短時間でバキッと割れてしまうだろう。だが、もしトントンと軽くたたいていれば、少しずつへこみはするだろうが、壊れるまでには相当の時間がかかる。それと同じことだ。質をコントロールすることで、肩への負担を減らしつつ、投げる量を増やすことができる。

これまで述べてきた通り、投手にはシーズンを通して活躍できるよう、余計な球数を増やさないことを意識させている。とはいえ実戦での登板は強度が高く、体には大きな負荷がかかる。だからといってシーズンオフに1カ月も2カ月も休養しなくてはいけないかというと、そうではない。

シーズン終了後に1、2週間休めば、たいていの疲れは取れているものだ。2週間たっても肩の張りが取れないとか、体のどこかがおかしいと感じているのなら、なんらかの治療を必要とする状態だ。

プロの若手投手なら「8割の力で、50球」程度であれば1年中投げても大丈夫。強度をもう少し減らしてもいい。マウンドからの投球ではなく、強めのキャッチボールでもかまわない。

いずれにしろ、オフの間もボールには触り続けていてほしい。ボールにまったく触れない時間が長く続くと、ピッチングの感覚そのものを失ってしまうからだ。これまでの経験から、この感覚を一度失ってしまうと、また普通に投げられるようになるまで1カ月くらい要する。

もし、投球感覚を失っている状態で春のキャンプに入ったら、いつもと同じように投げられるようになったと思うころにはキャンプが終わっている。これでは到底、一軍に入ることはできないだろう。

がむしゃらな練習はリスクでしかない

アマチュア球界、特に高校や大学では冬の間は重点的にフィジカルトレーニングをするという考え方がある。それはそれでいいのだが、陥りやすい失敗がある。フィジカルトレーニングを積めば当然、体が徐々に変わってくる。その間にまったく投球をしていないと、感覚が失われていく一方で体が成長するのだから、差がどんどん拡がっていく。以前よりも筋力が上がっているので、前と同じつもりでも、フォームが自然と変化してしまうこともある。それでもパワーアップはしているから、いざマウンドに上がってみると、前よりも強い球が投げられるわけだ。「ああ、ボールが良くなった」とうれしさのあまり、ついつい調子に乗って投げすぎて、肩や肘を痛めてしまうこともある。

トレーニングをしながらも、同時にある程度ピッチングもしておけば、こういったことは防げる。もちろん、強度と球数をうまく調整しながらだ。

フィジカルトレーニングに関しても質と量は重要だ。ある一定のラインを越えてしまうと、トレーニングが肉体のストレス要因になってしまう。極端になると、体を壊してしまうだけでなく、メンタルまで病んでしまうこともある。

ストレス耐性は個人によって違う。ある人はがんがんトレーニングしてもまったく平気だとしても、別の人が同じことをすると、負荷が強すぎて体も心も痛める、逆効果になってしまうこともある。負荷をかけたあとには、必ず休養を取り、栄養をしっかり摂取することが大事だ。

昔の高校野球によくあった、とにかく練習の量を追求するやり方は得策でない。練習時間が長すぎると、十分な休養を取れなくなってしまう。僕の高校時代は1年のうち練習も試合もない日は元日のみだった。最近、20代のある強豪校出身者に聞いてみたら、練習をしない日は年に2日間だったそうだ。僕らの時代と大差ないのに驚いた。

来季こそ、ライバルに追いつけ追い越せと冬の間に必死に練習に明け暮れ、それが休養を奪い、むしろ体が弱くなる――。あってはならないことだ。

近年は学校の部活動に毎週必ず休養日を設けることが提唱されている。高校野球の強豪校でも、すでに実践しているところもあると聞く。トレーニング、休養、栄養、この3つのバランスを取ることを指導者は頭に入れておかなくてはいけない。

ストレス耐性は
個人によって違う。
無理に周囲に
合わせるのは禁物。
肝心なのは量ではなく質だ。

自主トレは1人のほうが追い込める

プロ野球選手のオフのトレーニング、いわゆる自主トレの模様が冬の間のスポーツニュースでよく報じられる。「○○選手、始動」などとよく出ているが、近年は、選手たちの意識が高まっているのか、休養期間が短い。「始動」のタイミングはどんどん早くなっている。

投手コーチとして日本ハムファイターズに復帰した2016年と翌年の春のキャンプでは、初日のブルペンから「仕上がっているな」と感心した。皆がバランス良く投げられていた。オフの練習に関する情報も出回っているし、コーチ陣もうるさく言うので、きちんと準備をしてきてくれたのだと思う。投手陣全体にこういう雰囲気ができてきたのはうれしいことだ。

自主トレの話題でいうと、「○○が××に弟子入り」「グアムで○○塾開講」といったものもあるだろう。ベテラン選手の自主トレに若手がついていくかたちで、一緒にトレーニングをしようというものだ。練習方法がわかっていない若手が1、2回ついていって、べテラン選手や、その選手が雇っているトレーナーに教えを乞うのはいいことだと思う。だが、ある程度やり方が身についたら、1人でやるほうがいい。グループの人数が増えると、どうしても妥協してしまい、追い込めなくなるからだ。

僕は現役時代、オフの自主トレはだいたい1人だけでやっていた。正直、退屈だった。でも絶対に必要なことだとわかっていたので、やらないという選択肢はなかった。

それに僕は練習を計画するのが好きだった。1カ月単位で区間分けして、順番に進めていく。若いときだったら、11月は有酸素運動のトレーニング、12月は心肺機能のトレーニングに入り、1月からは瞬発力アップに取り組もう、などだ。もちろん、この間もボールには触り続けている。

自分への投資を惜しむな。必ず貯金になる

メジャーリーガーはたいして練習していないと思っている人は、今はいないと思うが、僕の現役時代まではそういうイメージを持っていた人も多かったと思う。実際のところ、メジャーリーガーのオフのトレーニングは非常に厳しい。

個人トレーナーやコーチを雇い、徹底的に自分を追い込むのだ。さぼっていたら、あっという間に今の地位を失う。そうなれば、サラリーも減る。トレーナーやコーチは選手に雇われている身だから、選手が成長するために一生懸命尻をたたく。

米国にはオフのトレーニングに最適な施設が充実している。そういった場所で「個人キャンプ」に臨む。プロ選手として、積極的に自分へ投資する姿勢は日本の選手も見習ってほしい。

僕が大リーグでプレーしていたころ、ある施設で日本のプロテニス選手のトレーニングを見たことがある。テニスはあらゆる身体能力を発揮しなくてはいけない競技なので、メニューが多いし、内容もきつい。特に心肺機能を上げるトレーニングは、日本の野球選手とは比べものにならない。感覚的には、5倍くらいのきつさに見えた。「ほんとに死ぬんじゃないのか？」と思うくらいだった。

ランディ・ジョンソンのトレーニングもハードだった。身長２０８センチの左腕で、１６０キロの速球と高速スライダーを武器に46歳まで現役を続け、通算３０３勝を挙げたメジャーの大投手だ。40歳のときに完全試合を達成している。打席で彼の投球を体験したことがあるが、ストライクゾーンに来たスライダーでも、自分にぶつかるんじゃないかと恐怖を感じた。完全に腰が引けて、スイングするどころの話ではなかった。

彼によれば、毎年クリスマス休暇を終えるとすぐブルペンでの投球を開始するそうだ。大リーグのキャンプインは日本より遅いのに、彼の始動は日本のプロ野球選手並みか、それより早いくらいだ。厳しい生存競争のなかで長く第一線で活躍できたのは、オフに厳しい練習をみずからに課していたからだと思う。僕は彼らの姿勢から、多くの刺激をもらうことができた。

近年は日本のプロ野球選手も洗練された米国の施設を利用したり、国内の専門施設に足を運んでいると聞く。オフのトレーニングの質を上げようと考えている選手が増えている証拠だ。それでも、統計をとったわけではないので正確な数字ではないが、個人でトレーナーを雇っている選手は、僕が見聞きしているかぎり日本球界では1割に満たないと思う。

まだ年俸が低い入団1、2年目ならともかく、高額な年俸をもらっている主軸クラスの選手は、自分への投資を惜しまないことだ。若いころからトレーニングで下地をつくることは、将来に必ず生きる「貯金」になる。

若いときにさぼっていて、30歳近くになってからがんばろうとしても、下地ができていなければ、ハードなトレーニングに耐えられない。どんなに気持ちでがんばろうとしても、体がついてこないのだ。それはある意味、最悪だ。

繊細なタイプは要注意。やりすぎる

日本の春季キャンプは2月1日からはじまる。誰がブルペンに入った、何球投げたというニュースはみなさんもよく目にすると思う。さすがに最近は「300球」というのは聞かなくなったが、毎日150も200も投げたいという選手はいる。コーチの側も球数だけで判断しがちだ。

ある年のキャンプで、別の投手コーチが「2000球は（ブルペンで）投げないと、一軍には残れない」と選手たちに言った。2000球はさすがに多すぎる。僕はあとで選手たちに「キャッチボールも含めてええからな」と付け加えておいた。

そもそも、現在は先発投手でも1試合で150球を超えることはほとんどない。ブルペンでの投球練習とはいえ、1日150球投げていると、疲れからフォームが乱れる。フォームが乱れた状態で投げ続ければ、フォームはさらに悪くなり、肩・肘により大きな負担がかかる。

「どうしてもキャンプ中にたくさん投げておきたい」という選手には、1日で一気に投げさせずに分割させる。強度も考えさせる。

「今日100球投げたけど、どうもしっくりこない、もっと投げたい」ということなら、強度を下げる。フォームを固めるのが目的ならば、マウンドから思い切り投げる以外にも方法はいくらでもある。近い壁に向かって、自分の体がどう動いているのか、しっかりチェックしながら軽く投げるというやり方は有効だ。

繊細なタイプほど、球数を多く投げたがるようだ。シーズン中の調整登板でも納得するまで投げようとする。先発投手は中6日の間に調整のためにブルペン入りする日があるのだが、そこでたくさん投げたがる。それでは調整にならない。

登板で負けていたり、不調のときは「なんとか調子を戻したい」と投げすぎる。好調時でも「次も同じようにいいピッチングができるように」とやっぱり投げすぎる。

コーチ目線で見ても、いい球が行っていると思うのだが、本人は納得できないのだ。アウトローに直球がバシッと決まっても、さえない表情をしている。止めなければいつまでも投げ続けてしまう。だから、そんなとき僕は100球くらいになると「はい、おしまい」と言ってボールを取り上げる。

状態が悪いなら練習はスパッとやめる

不調のときは「投げさせない」のが功を奏する場合もある。ブルペンに入れず、そのまま一定期間がまんしてもらう。すると、次にマウンドに立ったときには元の好調時に戻っているのだ。

こうした切り替えがうまかったのがダルビッシュ有（現シカゴ・カブス）だ。その日、50球投げる予定だったとしても、みずから途中で「吉井さん、今日はもうやめておきます」と、サッといなくなってしまう。フォームがずれていたのか、疲れを感じていたのか、とにかくこれ以上投げても悪くなるだけだと判断すると、スパッとやめてしまう。

こういった自己管理の能力も、選手には求められる。不調を脱しようとがんばって投げすぎてしまうと、疲労が増すうえにフォームのバランスも崩してしまう。悪循環に陥りやすい。「今は続けても無駄」と判断できるのも、自分自身をよく理解していることの表れだろう。

へっぽこゴルファーの僕は「打ちっぱなし」でよく悪循環に陥る。なかなかいいショットができないと、悔しくて、終わることができない。そのうち握力もなくなってきて、スイングはますます悪くなるのに、やめられない。結局、心身ともに疲れきって、ぼろぼろになって帰る——。

ゴルフをしている方なら一度は経験されたことがあるのではないか。プロ野球の投手にも、同じことが起こっているのだ。

趣味ではなく仕事だから、結果が出なければ焦り、プレッシャーも増す。その中でストップする勇気を持つには、自己管理、自己分析の能力が欠かせない。

頑張っても
うまくいかないときは、
一度立ち止まる勇気を。
まず悪循環から抜けろ。

二軍コーチのやりがいと待遇の差

最初に日本ハムファイターズの投手コーチを務めたときの3年目、2010年だけ二軍を担当した。2年契約が切れて、翌年どうするかという話になった際、球団から「二軍に行ってください」と言われた。二軍にも興味があったのでOKしたのだが、給料が下がることは知らなかった。

直前の2009年はリーグ優勝を果たしたのに……。「二軍は、うちはこれくらい（の給料）なんで」ということだった。「まあ、新しく契約し直すわけだから、しょうがないか」と一応は納得してサインした。

年が明けたあとの、なにかのパーティーの席だったと思う。当時の梨田昌孝《まさたか》監督が見るからに高そうな腕時計をしていた。ある選手が「監督、いい時計してますね」と声をかけると、「おお、これ、優勝のご褒美に自分で買ったんだ」と梨田監督。その金額が、僕の給料のマイナス分とほぼ同額だった。

監督の横にいた僕は思わず「あ、それ、僕の給料下げられた分と同じですわ」と言ってしまった。監督は居づらくなって、ササッと離れていってしまった。

フェニックス・リーグ（シーズン終了後に行われる教育リーグ）に参加していた際に、たまたま一軍のコーチが見に来たことがある。そのときの弁当まで違っていたのには驚いた。二軍の僕たちはしょうもない中身だったのに、一軍のコーチには最高級の弁当だった。「そこまで待遇変えないといけないの？」と疑問を感じた。

もちろん、二軍のコーチはまだキャリアが浅かったり、コーチ見習い中の場合もあるのだが、仕事量やコーチングが選手に及ぼす影響を考えれば、二軍のコーチのほうが大変ともいえる。

一軍には「Aチーム」がたくさんいるわけだから、問題を自分で解決できる力を持っている選手が多く、そこまで手間はかからない。だが二軍にはほうっておいてはいけない選手がたくさんいる。個々の選手によってアプローチを大きく変えて臨む必要があるのだ。まだなにもわかっていない選手には、ときにきついことを言ってハードなトレーニングをさせる。一方である意味、心のケアを必要としている選手もいる。

そういった選手ひとりひとりの現状を球団に報告するリポートづくりにも、時間を取られる。二軍の選手の中には、短期間で劇的な変化を遂げる選手もいるのでやりがいも大きいのだが、正直、忙しい。コーチの給料は二軍のほうが上でもいいのではないかと思うくらいだ。

一軍と二軍でチーム内のルールがじゃっかん違う球団もあるそうだ。特に時間に関しては二軍のほうがより全体行動に徹している感がある。例えば、チームが午後2時に球場入りなら、一軍の場合、その日の先発投手は試合開始から逆算してチームより遅く球場に入ってウォーミングアップする選手が多い。一軍で認めているのなら、二軍にいるときからそういった習慣づけでいいと思うのだが。

体力的な才能はいかんともしがたい

二軍で1年間コーチをしていると、残念ながらプロではやっていけない若手選手はだいたいわかってしまう。技術がまだまだ足りないだけであればなんとかなるかもしれないのだが、体力が劣っていると厳しい。

ここで言う体力とはつまり、プロでやっていくための素質としての体力のことで、「体が弱い」選手はいかんせん厳しいのだ。

スカウトや編成は「これから体が大きく強くなる」と見込んで獲得するわけだが、特に高卒ルーキーはわかりづらい。キャンプに参加して、プロのトレーニングをみっちり重ねているのに、一向に体力が上がらなければ、体力アップできる「伸びしろ」がないと判断せざるを得ない。運動神経はもっと前の段階で固まってしまっているし、技術を上げてカバーできるかというと、体が強くないと習得できない技術もあるので、それも難しい。プロとしての土台になる体力がなければ、なかなか前に進めない。活躍できたとしても、短命に終わることがほとんどだ。

僕はプロで成功するというのは「安定した成績を何年も収め続ける」ことだと思っている。「太く長く」できれば最高なのだが、「細く長く」でも大成功だ。

これは野手の例だが、2017年に引退した飯山裕志は、はっきり言って飛び抜けた成績は残していないのだが、守備職人として20年もプロの世界にいた。20年だ。すばらしいことだと思う。

選手によって持っている価値観は違うだろう。だが「太く短く」プロ生活を終えたい、花火のように輝いて、ふっと消えたいと思ってプロ入りする選手はいないはずだ。一度でも活躍した選手は、それを続けたいと思うのが当たり前だ。結果として「太く短く」なってしまうのは、自分を磨く努力を続ける力が足りなかったのだと思う。

コーチングで即効性のある解決法を提示する、「突貫工事」もできる。今シーズン中にある程度活躍しなかったらクビになるかもしれない、もうあとがないベテランには、そういうアドバイスをすることもある。すぐに結果を求められる外国人選手にもそうしている。だが、常にこういうやり方では、自分で気づき、考え、課題を克服する習慣は身につかない。

日本球界は1シーズン大活躍すると、年俸が一気に上がる。マスコミもすぐ飛びついてスター扱いするが、これは選手を勘違いさせやすい。大リーグは何年か続けて活躍しなくては、高い評価も得られないし、大型契約を手にすることはできない。どんなにすごい成績を収めたとしても、最初の3年間は、数字に見合った金額はもらえない。3シーズンを終えると年俸調停する権利を得ることができるが、1年平均20億円超えのような大型契約を結べるのは、メジャー6年目を過ぎ、FA権を取得してからだ。日本球界にも、長く活躍し続ける選手にもっともっと高い評価ができるような枠組みができてほしい。

成功とは
安定した成績を
何年も収め続けること。
「細く長く」だ。

第5章
「コツ」と「駆け引き」

投手と野手の投げ方はまったく別物

プロに入ってくる投手のほとんどは、小学生くらいのころからマウンドに立っている。そこからずっと投げ続けてきた結果が、現在の投球フォームを形づくっている。

投手の動きは、実に特殊だ。投手らしいフォームで投げられるようになるには、一定の時間を要する。野球未経験の子どもにボールを渡し、「こういう風に投げてみて」と言っても簡単にはできない。

試合前の始球式ではさまざまな人が投げる。五輪のメダリストなど他競技の現役アスリートがマウンドに上がることもある。試合前にちょっとレクチャーを受けるときもあるが、それでもうまく投げられる人は少ない。

未経験者がいきなりやるには動きが複雑すぎるのだ。投手未経験の人が、大人になってからはじめたとして、どんなにトレーニングを積んでも、１４０キロ、１５０キロの球をコントロールすることはできないと思う。

ちなみに、同じ野球の中でも投手と野手の投げ方はまったくと言っていいほど違う。マウンドから18・44メートル先にある本塁ベースの角を狙って投げられる投手が、ゴロを取って一塁に投げるときはうまく投げられなかったりする。バント処理のうまい投手は野手としての動き、投げ方ができているのであって、投手としての制球の良さとはまったく関係ない。

大リーグの投手にけっこういるのが、ゴロを捕球したあと、その場から投げずに一塁方向へ走り、下手投げで一塁手にトスするタイプ。野手としての送球ができないことを自覚しているからこその対処法である。もちろんフィールディングの練習を重ね、野手の動きもできるようになるのがベストなのだが、できないのに無理をやって悪送球するよりはいい。

感覚と実際とのあいだには大きな差がある

僕はコーチとして投手を外から見ている。どういうフォームで投げているのか、どこを修正したらどうなるのかというのは、なんとなくわかる。だが、投手がどういう感覚で投げているのかは、投手に聞かなければわからない。だから対話が重要になってくる。

本人はこういう感覚で投げているが、実際の動きではこうなっている、その差を照合していくのがコーチングだ。こちらの感覚だけでサジェスチョンすると、話が嚙み合わなくなるし、誤ったアドバイスになりかねない。

例えば、投球動作において足を踏み込んだ際、投げる側の肩が上がり、グラブ側の肩が下がっていたとする。理想は足を踏み込んだときに両方の肩が地面と平行になっていることなのだが、本塁方向に傾いているため、体が前に突っ込んでしまっている状態だ。マウンドは傾斜しているから、両肩と地面が平行になるためには、前側の肩が少し上を向くような意識が必要だ。

そこで僕が「もうちょっとこうしてみて」と言うと、相手は「えー？　こんなに上向いて投げるんですか？」と驚くのだが、実際に映像で見てみると地面と平行で、「あれ？　そうですね」となる。それが彼の感覚だ。

球を離す位置、リリースポイントを意図的に上げ下げするのも非常に難しい。本人は「変えている」と思っていても、実際には全然変わっていなかったりする。もし、オーバースローの投手がスリークオーター気味にしたいと思い、腕を下げようとすると、10センチ下げただけなのに、本人にとってはサイドスローくらい横から投げている感覚になる。

フォーム改造は大変な作業だ。本人の感覚と、実際の動き。その差を照合したうえで擂《す》り合わせていくには、さまざまな困難がともなうからだ。

もしオーバースローの投手をサイドスローへ転向させようとするとしても、投手コーチの一存では絶対にしないし、現場だけでもしない。球団幹部も交えた話し合いで決める。今のままではプロで通用しないと一同が判断したら、それこそ「君の生きる道はこれしかない」と伝える。だが、あくまでも最終的に決断するのは選手自身だ。

北海道日本ハムファイターズにトレードされてきたある投手は、前の球団でいやいやサイドスローに挑戦していたという。本来の投げ方に戻したことで、本人も気分よく投げられるようになり、以前より球威が増した。

「コツ」は教えられない。本人がつかむもの

振りかぶって、足を上げて、前方に移動しながら足を踏み出していき、右手はここ、左手はここ、踏み込みの足が着地したら――。一度の投球動作において投手が考えること、気をつけることは実に多い。

だが、試合中にこれらをひとつひとつチェックしていては、うまく投げられなくなる。投球は、部分部分ではなく、ひとつの流れの中でこなさなくてはならないからだ。いわば、フォームの自動化だ。

僕の経験から、投球の際のチェックポイントは、1つか2つしかない。それ以上チェックしながら投げるのは不可能だ。

第1章で述べた、投げるときの「コツ」みたいなもの。ゴルフにたとえると、クラブを振り上げたときに「トップが決まる」みたいな感覚だろうか。「それさえ決まれば」というチェックポイントさえ押さえられれば、うまくいく。自動化できる。

もちろんチェックポイントは個々によってまったく異なるので、こちらから「これがコツだ」と言うことはできない。投手自身がつかむしかない。フォームが安定しないのならつかみきれていないことになる。フォームが不安定なら、制球は定まらない。

だから、練習でなにも考えずに、がむしゃらに投げさせてはいけないのだ。自分の感覚に問いかけるように、いろんなことを感じながら思考錯誤しながら投球練習を積んでもらう。コーチの役目は、ときに彼に質問しながら、その感覚と実際の動きのギャップを測ることにある。

第5章
「コツ」と「駆け引き」

僕がブルペンで取り入れているのは、捕手をベースよりも前に座らせて、高めを狙って投げさせる練習だ。短い距離で高めに投げるのは簡単なので、自分のフォームに意識を向けやすくなる。通常の距離で低めに投げようとすると、どこに球が行ったかに気を取られてしまいがちになる。大事なのはコントロールではない。まずフォームだ。フォームのコツがつかめれば、おのずとコントロールも定まる。

ただ、一度コツをつかんだからといって、ずっとそれが通用するとはかぎらない。年齢を重ねることで、あるいはトレーニングによっても体が変わるからだ。同じフォームで投げているつもりでも、いろんなところがずれてくる。骨は20代になってからも成長するので、特に高卒入団の選手は骨格ごと変わる。体のフレームそのものが変化するのだ。

手術を受ければそれも影響する。僕は肘にメスを入れたが、その復帰後にリリースポイントが変わっていた。感覚がずれ、適応するのに3カ月くらいかかった。

体が変われば、コツもつかみ直さないといけない。

コツはすぐ忘れ、
また変わるもの。
常に自分の感覚に
問いかけろ。

問いかけて、答える。自分を知るには言語化

僕の現役キャリアの中で、コツは大きくは3回変わっている。1回目は、これも第1章で述べた、プロ入り直後の混乱のあとにつかんだ感覚だ。俗に言う「ヒップファースト」というものだった。僕は右投げなので、振りかぶってから左足を上げ、右足一本で立つ。本塁を正面とすると、体の胸側が右（三塁方向）を向いている状態になる。ここから前方に体重を移動させるのだが、そのときに腰の左側から行くのではなく、おしりの穴を本塁に向けて行くような感覚で投げると、うまく投げられた。

2回目の変化はプロ3年目の終わりくらい。振りかぶって左足を上げたときには、左手のグラブの中に右手が収まっている状態なのだが、左足を前方に踏み出して体重を前へ移動させるとき、左手のグラブとボールを持つ右手が離れる、その離れる瞬間が決まると、うまくいく感覚になった。このころは僕が一軍に定着して活躍しはじめた時期でもある。クローザーという大役をこなすことができたのも、「こうすれば自分は思ったところに投げられる」という自信があったからだ。

3回目、最終的に僕のコツは、投球動作のはじまりのほうになった。左足を上げて体重移動を開始する瞬間、右足でプレートを踏み込むところで決まるようになった。このときに右足の土踏まずを「地球の裏側、ブラジルまで踏み込む」くらいの気持ちで押し込むようにプレートを踏むと、後は自動的に体の各部が動いていってくれた。

僕は投手にいろいろな問いかけをする。体調、感覚、感情がどうなっているかを知るためだ。問いかけをするということは、相手にしっかり言葉で表現する努力をしてもらうということ。最初は自分の状態をうまく言語化できないものだ。それでいい。こちらは言語化する努力が途切れないように、あの手この手で質問のアングルを変えていく。そうやってお互いの距離を縮めていく。選手は知らぬ間に自分で自分を深く省みている。そしてやがて自分の状態を冷静に把握できるようになる。

やみくもに練習させるのではなく、選手が自問自答を重ねて、自分なりの「コツ」をつかめるように導くのがコーチングだ。

理想を追いすぎると結果は出ない

投手の中には小心者と評されるタイプがいる。重要な場面でことごとく打ち込まれてしまうような投手のことだ。でも実は彼らは打たれるのが怖いという気持ちより、「もっといい球を投げなくては」と自分に意識が向いてしまっていることが多いのだ。

僕はメジャーで「チキン（小心者）」と呼ばれている投手のことを独自に調べたことがある。彼らの多くは、投球がコーナーに構える捕手のミットにズバーンと入ることを常にイメージしていた。

自分自身の最高のフォームで投げればいい球が行く——。そう思い、フォームの細かい点をたくさん意識してしまうのである。普段投げているときは考えなくてもできている、意識せずにやれたことを意識してしまえば、「フォームの自動化」は無理だ。最高のフォームにはならない。結果、ストライクが入らなくなったり、逆にど真ん中に行ってしまったりする。

これまでコーチとして観察してきた経験から、日本でも小心者とされる投手、大舞台で力を発揮できない投手には、この傾向があることがわかった。練習時は自分に意識を向けてほしい。だが、試合では当然、相手がいる。試合でなによりも意識すべきはその対戦相手、今、打席に入っている打者だ。それにもかかわらず、理想の自分を体現したいあまり、打者が目に入らない。いわゆる、独り相撲の状態だ。

僅差で競り合っているときや、走者を背負った状況でマウンドに上がるリリーフで、まだ経験の少ない選手がその状態に陥りやすい。「1点もやれない」という気持ちが、そうさせる。

若いときの谷元圭介（現中日ドラゴンズ）がそうだった。コースを狙いすぎてボールが増え、カウントを悪くしてしまう。開き直って攻めたボールが真ん中に入って、打たれる。このパターンを繰り返していた。そこで僕は、彼に先発をさせてみることにした。

大リーグで提唱され、今では日本でも定着してきた指標に「クオリティー・スタート」がある。先発投手が「6回以上投げ、自責点3以内」で抑えれば、この条件を満たす。先発投手として「合格点」ということになる。

先発ローテーションが中4日の大リーグでは、先発の球数は100球程度までだ。一方、日本は中6日が多いので、先発投手をもうちょっと引っ張る（長いイニングを投げさせる)。だから、大リーグと同じように6回3自責点では単純に合格とは言えないかもしれない。それでもクオリティー・スタートに当てはめると、2イニングに1点取られたとしても6回まで投げ切れば、先発投手として「よくやった」となる。

谷元にとってはこれが新鮮だったようで、その後リリーフに戻ったのだが、攻めが大胆になり、成績も上がった。その後、長く日本ハムファイターズのブルペンを支える存在に成長した。

繰り返すが、試合で独り相撲を取る投手は、対戦相手ではなく自分に意識を向けてしまう。その状態はベンチから見ていれば、容易にわかる。だが、本人はなかなか気づかないものだ。だから試合翌日の「振り返り」作業がものをいう。昨日の投球はどんな感情のもとで行われていたのか、本人にみずから洗い出させるのだ。そうすれば、どういう感情で投げると、どういう失敗をするのか、自覚できるようになる。

そもそも、投手が最高の球を投げたとしても、打者がその球を狙っていたとしたら打たれるのだ。打者も投手のデータを持ち、配球の傾向を頭に入れ、対策を立てている。フルカウントから外角低めに最高のストレートを投げても、打者がそれを予想していればあっけなく打たれてしまう。

だが、フルカウントになるまでの打者の動きや仕草をしっかり見ていれば、相手の狙いに気づける。外角低めを狙っていそうだな。ならば、内角に投げ込めば確実に詰まらせられる。ど真ん中でもいいだろう。それくらいの気持ちでインコースに投げればいい。

これが駆け引きというものだ。自分ではなく相手に意識をそそいではじめて可能になる。

吉井は「インチキ投法」

僕は日本ハムファイターズの投手コーチを一度離れたあと、解説者や評論活動をしていた。あるとき新聞の不定期連載のオファーをいただき、最初の打ち合わせで担当記者と連載のタイトルを考えることになった。

「吉井理人の〇〇〇」みたいなイメージで考えているという。そこで記者から「吉井さんのピッチングの特徴ってなんですか？」と聞かれた。僕はちょっと考えてから「インチキ投法」と答えた。「吉井理人のインチキ投法」——さすがにこのタイトルはボツになった。でも「インチキ」は冗談ではなく、けっこう的を射ていると思う。

もちろんインチキと言っても、ボールに細工をしたりとか、手に謎の液体をたっぷり付けて投げるとか、そういうことではない。簡単に言うと、打者心理の裏をかくというイメージだろうか。

野球では、1イニングの中で、相手が本塁を踏む前に3つアウトを取れば、1点も入らない。どれだけ走者を背負っても、本塁を踏まれないかぎり失点はゼロのままだ。状況によっては、失点してもアウトを重ねるのを優先することもある。

例えば試合の序盤で大量失点を避けたいときや、大きくリードしているときなどだ。ノーアウト一、三塁で内野ゴロを打たれたら、三塁走者は無視し、ダブルプレーで2つのアウトを取るほうがいいと考える。

もとより、完璧な投球をする必要はないのだ。常に最高の球を投げ続けようとすると、どんどん投球が窮屈になっていく。

僕はクローザー時代は、100パーセントの力でぶん投げていた。だが、先発のときはそうではなかった。多くの球は8割くらいの力で投げていた。もっと力を抜いて投げることもある。相手がスイングする気がないとわかれば、打者に気づかれないように気を配りつつ（あまり力を抜きすぎると、腕の振りが緩んで打者にばれてしまう）、軽く投げてストライクを取る。ボールゾーンに落ちる変化球で空振りを狙うつもりだとしても、打ち気がないならストライクゾーンに投げる。

メジャーの打者は、僕みたいにストレートが速くない（145キロ程度の）投手なら、決め球は変化球と初めから決めつけている者もいる。だから、よく決め球にストレートを使った。「場外までぶっ飛ばしてやる」くらい力が入りまくっている強打者には、あえてど真ん中に遅いストレートを投げた。絶好球だと思って振りに行くと、球が思ったより来ないのでタイミングがずれ、ファウルや凡打になる。

大阪近鉄バファローズ（現オリックス・バファローズ）から東京ヤクルトスワローズに移籍したときは「野茂直伝のフォークで抑える」と吹聴していた。これもインチキのひとつだった。

握りや投げ方は野茂に教わっていたのだが、まだ習得できていなかった。なので、実際にはシュートばかり投げていた。それでも打者の頭には「フォークがある」と刷り込まれているので、狙いが絞り切れなかったようだ。野球には相手がいる。相手をよく見て心理を読んで駆け引きするほうが、ベストピッチを続けるよりよっぽど簡単だ。

勝負事には相手がいる。
意識すべきは
自分ではなく相手。
相手の心理を読めば勝てる。

マダックスは本当に「精密機械」なのか

イメージと実際の投球がずいぶん違うなと感じたのが、グレッグ・マダックスだ。アトランタ・ブレーブス時代、１９９２年から4年連続でサイ・ヤング賞（最優秀投手賞）を獲得した右腕だ。17年連続で15勝以上という、とてつもない記録をつくった。通算の勝星は３５５にのぼる。速球のスピードは１４５キロ程度だったと思うが、打たせて取る投球で抑えた。球数の少なさが特徴で、今では１００球未満で完封することを「マダックス」と呼ぶそうだ。

彼は「精密機械」と称されていたのだが、対戦した印象は、針の穴を通すような、ピンポイントのコントロールでストライクゾーンの四隅を突くというよりも、球の力が強い、パワーピッチャーだった。

とにかくスピンの量が多くて、速球がよく「動く」。文字で表現するのが難しいのだが、真っすぐの軌道が、投手から見て右下の方向に、ブワーンと曲がる。普通の投手の動く速球は「ちょっとずれる」くらいなのだが、マダックスのそれは勢いがあるうえに変化が大きい。ほかにも変化球を持っているのだが、基本は動く速球を低めに投げることで凡打させていた。

彼は、自分がパワーピッチャーだと自覚していただろう。そして周囲が自分をコントロール抜群だと思っていることも、もちろんわかっている。現実と異なるイメージを打者が持ってしまった時点で、投手が有利になる。

マダックスは打者との駆け引きが絶妙にうまかった。打者は「相手は制球がいいから、甘いところにはなかなか来ないだろう」と思っている。そこに、初球から高めの速球、いわゆる「つり球」を投げたりする。しめたと思ってスイングすると、完全なボール球で空振りを取られてしまう。

左打者のインコースにカットボール（これは和製英語で、大リーグではカットファストボール、またはカッターと言う）を何度か食い込ませておいてから、逆方向に変化する速球を内角のボールゾーンからストライクゾーンに入るように投げる。打者は腰を引いてよけるのだが、球はストライクゾーンを通過する。多少真ん中に入っても、なかなかとらえられない。

審判すらもイメージにだまされていたと思う。

米国ではベースの内側より外側のストライクゾーンが広く設定されているのだが、「いくらなんでも外すぎる」と思うような球でも、捕手が構えているところに行くと、ストライクと判定されることがたびたびあった。

追い詰められたら他愛のない会話を

試合中、体は緊張状態でも、頭の中は冷静にしておきたい。多くの経験を積んでできるようになる投手もいる。メンタルトレーニングで改善した投手もいるだろう。こういう投手が投げている場合、コーチがマウンドに行くときは「ちょっと間をとる」くらいのつもりだ。

常に冷静。言うは易く行うは難しで、もちろん誰もができているわけではない。ピンチを背負って、マウンドで舞い上がってしまう投手のほうが多い。そこで投手コーチがマウンドで声をかけるわけだ。

「落ち着いて」などと言っても、それができれば苦労はしないのはわかっている（それでもついつい言ってしまったりするのだが）。投手の意識が自分自身に向かっている、内向きの状態になっているわけだから、なるべく意識を外に向けさせなければならない。

だから視点を切り替えさせる、ちょっと別の方向に頭を使ってもらうようなことを言う。小難しいことでなくていい。「お前、出身地どこやったっけ？」みたいなことでもいいのだ。

投手は一瞬「へっ？」となるだろう。そう思わせて、意識を少しずらすのだ。

「○○県です」と応じたら、「お前、ここで○○の意地を見せたるところやぞ！」とか言う。あくまでも試合モードだということで、試合と無関係すぎるのもよくない。まあ実際のところは、ほとんど関係ないのだけど。

出身校もよく使う。斎藤佑樹や有原航平なら「早稲田（大学）魂を見せるところやぞ！」となる。

周りを巻き込んで空気を和ませる

コーチがマウンドに行くときは、投手だけでなく、捕手も内野手も集まっている。投手とやり取りをしているわけだが、周りも巻き込んで、その場の空気を和ませるのは有効だ。印象に残っている例を1つ紹介したい。

大卒入団のリリーフ左腕だったのだが、ときにストレートでもストライクが入らなくなることがあった。2アウトを取っているのに、あれよあれよと満塁にしてしまった。

「やばい。こりゃ、絶対に押し出しだな」と思ってマウンドに走って行って、こう話した。

「2アウト満塁、ピンチになったけど、お前には2つのチョイス（選択肢）があんのや。どっち選ぶ？」

僕は右手の指を2本立てて、続けた。「まず1つ目はな、ガッチガチに力んで、今まで以上に力を込めて投げるか。もう1つは、1回深呼吸して、落ち着いて、リラックスして投げるか、どっちがええ？」

すると彼は、僕が立てた指の片方を震える手でつかみながら「ここは、目いっぱい力を込めて、力みまくって行きます！」と宣言した。瞬間、その場は爆笑に包まれた。野手からも「お前なあ」「そこは『リラックス』のほうだろー」とツッコミが入った。彼はそこでハッと我に返り、そのピンチをうまく切り抜けることができた。

選手に責任を負わせない

ピンチで投手がマウンドでパニックになっているときは、捕手も同時にパニックになっていることがしばしばある。経験豊富な30代半ばくらいの捕手ならそういうことはないだろうが、若手は投手と一緒に焦ってしまうことがある。

こういうときに頼りになるのは、ベテランの二遊間だ。田中賢介、金子誠（現日本ハムファイターズ内野守備コーチ）の2人は、投手コーチからしても実に頼りになる存在だ。ピンチで投手にかける言葉が浮かばないときに「これ、どうしたらええ？」と聞いたこともある。

もともとセカンド、ショートはさまざまな状況判断が求められるポジション。一塁手、三塁手よりも仕事が複雑だ。二塁へ盗塁された際にどちらがベースカバーに入るかなど、捕手のサインによって変えている。常に冷静に状況を把握していないと務まらない。グラウンド上で試合の流れも肌で感じている。ベンチにいてはわからない、違う感性が働いている。

よく内野手に意見を求めたのは、2アウト二、三塁などの場面、一塁が空いているときに、勝負するかどうかの判断だ。バッターボックスにいる打者と次の打者を天秤にかけて、どちらと勝負すれば切り抜けられるかを決める。

ベンチは「カウントが悪くなったら歩かせろ」と考えがちだ。ストライクゾーンのぎりぎり外側を狙い、打者が打って凡打してくれればもうけもの、という思考だ。一見、合理的に思えるが、これは投手の立場からすれば非常に難しい。際どいボールを投げるつもりでも、甘いコースに入って痛打されることがよくある。「カウントが悪くなったら」ではなく、はっきりと「勝負」か「敬遠」か、ベンチが決めてあげるべきだ。

「結果がどうであれベンチが責任を持つ」という姿勢を見せると、投手も思い切って投げられる。もしベンチが投手と打者を比較して「いける」と思ったら、勝負させるべきだ。敬遠して抑えたときよりも、チームに勢いがつく。

だが、監督もコーチも人間である。いろいろなデータや試合の流れを考慮しても、結論が出ない場合もある。そういうときは、監督が選手に判断を委ねることもある。

「投手に聞いてきて」と言われマウンドに向かうのだが、こういうときに僕は、大きな声では言えないのだが、投手に対し嘘をつくことがある。監督が迷っていても、僕の腹が決まっているときは、どちらか決めてはっきり言う。

「監督が、歩かせて次の打者で勝負しろと言っているから、敬遠ね」

「監督が『責任はおれが取る』と言っているから、この打者で勝負だ」とか。

僕も迷っているときは、ベテラン内野手に意見を求めるのだが、統計を取っているわけではないが、野手は「勝負」を選ぶ傾向が強い。「ランナーをためるよりも、勝負したほうがいい。点を取られても、おれたちがまた取り返すから」などと言ってくれると、投手も心強く感じるだろう。

一塁手と三塁手は、そこまで投手のことを気にかけない、というのが僕の印象だ。打線の中軸を任される打力の高い選手が務めることの多いポジションだからだろう。

僕は英語がちょっとできるから、ブランドン・レアードなんかはよく話しかけてくるが、内容は「もうピッチャー代えようよ」とか、「次は誰？　谷元？」とかだ。「もう、うるさいな」と思うのだけど、日本でプレーする彼らにとって多少でも英語がわかるコーチは貴重だ。愚痴を言ってくれるくらい、信頼してくれていると前向きに考えることにしている。

結果を問わないほうが、
パフォーマンスは上がる。

緊張は悪いことではない。力に変わる

緊張すること自体は悪いことではない。緊張は戦うための準備だ。戦うか、逃げるかのところで、戦う態勢になっているから緊張する。緊張感があるからこそ、ビッグゲームだからこそ出る力があるのもまた事実だ。

シーズン終盤の優勝争いやクライマックスシリーズ、日本シリーズなど、なにもしなくても気持ちが入るし、緊張しないほうがおかしいだろう。

ロシアの棒高跳び選手で、世界記録を何度も更新したエレーナ・イシンバエワさんは、テレビのインタビューでこう話していた。

「練習でも世界記録にバーの高さを設定して、跳んでいるのですか」と聞かれて、イシンバエワさんは「そんなことはしません」と否定した。

「自分が跳べる高さを毎日、練習するだけです。繰り返し、確実に跳べることで、試合に行くとあとは不思議な力とアドレナリンが出て、新記録を跳べるようになるのです」

大舞台で力むのは当然なので、それをいかに力に変えるのか、その制御が大事なのだ。

本番では自然と20パーセント増しの力が出る

「ブルペンでも試合と同じように投げろ」

古いタイプの指導者からよく聞いたのがこの言葉だ。野球経験のある方なら、耳にしたことがあるかもしれない。だが、これを実践していると、試合のときには力みすぎになる。実戦では選手にアドレナリンが分泌されるので、普段以上の力が出てしまう。僕の感覚では、おおよそ20パーセント増しくらいだと思う。

練習から100でやっていると、試合では20パーセント増しで120になってしまい、制御できなくなってしまう。常に100パーセントで投げる習慣がついてしまうと、実戦ではオーバーワークになってしまい、うまくいかなくなる。試合で20パーセント増しの力が出てしまうのなら、練習では80パーセントくらいの力までしか出さないように心がける必要がある。僕は若いころに気づいたので、たとえ「全力で」と言われても、自分で調整していた。

僕は選手たちには、「ブルペンの投球は評価しない」と初めに伝えている。

ブルペンの投球が評価の対象になっていると思うと、選手もついつい力が入ってしまうもの。たまたま監督が見に来ていたりすると、張り切ってしまったりする。でも、試合でしか出ない力があるのだから、実戦でないと評価できない。春のキャンプだったら、必ず全員にまんべんなく2、3試合の登板機会を与えるようにしている。このやり方だと故障を減らせるうえに、いい状態で実戦のマウンドに上がれる選手を増やせる。

ブルペンでの投球練習は、あくまでも試合でいいパフォーマンスを発揮するためのものだ。春のキャンプに訪れる球団幹部やOBにも「ブルペンは試合のための準備ですから、あんまり期待しないで見てくださいね」と話している。関係者全員が「ブルペンは試合のための準備」という共通認識を持っていれば、選手たちも余計な意識をすることはない。

グレッグ・マダックスは「大舞台では『ベスト』の投球をする必要はない。『グッド』でちょうどいい」と話していた。大リーグのレジェンドの言葉だけに、説得力がある。

このエピソードは、2016年の日本シリーズ開幕前のミーティングで、引用させてもらった。ビッグゲームではどうやっても普段以上の力が出るから「ベスト」でなくていい、「グッド」で十分オーケーなのだと。試合後に「グッドくらいで行きました」とコメントした選手もいた。僕が紹介した話が役に立ってくれたと、うれしくなった。

ビッグゲームには
「グッド」の意識で臨む。
「ベスト」だと
必要以上に気負ってしまう。

第6章
杓子定規の助言はNG

問題点は伝え方次第で、簡単に改善できる

大学院でバイオメカニクス（生体力学）を学んだこともあって、今では投手のフォームを見て、どこを直せばいいかはだいたい見当はつく。

例えば、投げる肘が下がってしまっているとき。原因は肘そのものにあるのではなく、足の踏み出し方に問題がある場合が多い。足を踏み出す方向がずれていて、それを修正するために、無意識に肘を下げているのだ。

そのように原因がはっきりしていたとしても、コーチングにおいて重要なのは伝え方で、それは相手によって異なる。

自分の体の動きを把握している「Aチーム」の選手なら、「肘が下がっているぞ」とそのまま言ってしまってかまわない。「ああ、そこか」とすぐに理解してくれる。肘が下がってしまうときは、フォームのどこに問題があるのかわかっているのだ。だから自分で修正できる。

だが「Bチーム」の選手にそのまま言ってしまえば、足の踏み出しには頓着せず、肘を

無理やり上げて済ませようとする。そうすると、また別の箇所で狂いが出て、問題をこじらせてしまい、さらにはそれが故障の原因にもなる。

自分の体がどう動いているのか把握できていないから、腕を振る前のフォームにゆがみがあることに気づかないのだ。そこで「肘が下がっているぞ」ではなく、「ちょっとフォームが崩れてるみたいやから、ここを少し直してみようか」と話す。肘のことはあえて伏せるのだ。そうアドバイスすることで、本人も意識しないうちに、肘の高さが元に戻る。

感覚的なアドバイスは失敗を招く

バイオメカニクスに基づき、投手それぞれの性質にあわせたアドバイスで、フォームを改善に導く。ただし、それは今だからこそ言えることで、過去に僕は決して適切とは言えないアドバイスもしている。

２つ例を挙げる。いずれも大学院で学ぶ前、北海道日本ハムファイターズで最初にコーチを務めていたときのことだ。

１つ目は、選手がどういう感覚を持って投げているのかを考えずに、こちらだけの感覚まかせでアドバイスしたこと。

その選手は体格に恵まれた左腕で、150キロ近い速球を投げられた。ただ投球フォームは、たとえると「陸に打ち揚げられた魚」のようだった。動きがぎくしゃくしていて、力みまくって投げているように見えた。タイミングが合わないと、コントロールがすこぶる悪くなる。全力投球を100パーセントだとすると、いつも120パーセントで投げているような印象だった。

「試合で1回、70パーセントくらいで投げてみいひん?」

7割くらいの力で投げたら、ちょうどよくなるのではないか。僕はそう思った。

彼は「わかりました」と受け入れ、練習から「70パーセント」に取り組んだ。だがそれは、はたから見ると40パーセントくらいにしか見えない。確かにフォームは安定した。ストライクも入るようになった。一方で、球速は130キロ程度に落ちた。案の定、打者に打ち込まれた。

「どうなの?」僕が聞くと、「いや、すごくいい感じですよ」と彼は答える。だが、これでは先がないのは明らかである。

やっぱり元に戻そう、と思ったが、そこからが大変だった。以前のように力強い球を投げることができないのだ。「70パーセント」へ必死に修正しようとした結果、１５０キロを投げられるフォームを体が忘れてしまっていた。

コーチが考えるパーセンテージと選手が思い描くパーセンテージは、違うのが当たり前なのだ。僕はそこを見落としていた。

さらに彼の場合は、そもそも「力を抜いて投げる」こと、そういう調整ができないタイプでもあった。以前の練習風景を思い返してみると、彼がキャッチボールのときから力を抜いて投げる姿を見たことがなかった。そのときに僕は気づかなくてはいけなかったのだ。

はじめから「１２０パーセント」でやることを前提とした、修正法を見つける必要があった。選手の観察がしっかりできていなかった。

まずコーチが固定観念を捨てる

２つ目は、選手の身体的特徴を考慮しなかったこと。

その投手は、身長１９０センチを超える長身で、日本人離れした身体能力を持つ右腕だったが、見たところ、荒れ球が弱点だと思った。そこで、バランスの良い、いわゆる日本人的なフォームを突き詰めていけば、コントロールが良くなるのではないかと考えた。でも、なかなか結果は出なかった。彼は背も高かったが、腕もひときわ長かった。しっかり力をためて、かつ球の出どころが見にくくなるよう、なるべく体の開きを遅くするのが日本では普通の投げ方だ。だが、この投げ方だと、腕が長いことが災いしてしまう。腕を振るスペースがなくなってしまい、強く振れなくなってしまうのだ。

大学院でバイオメカニクスを学んだ今ならわかるが、当時の自分はそこまでイメージがまわらなかった。視野が狭かった。

彼はコーチの言うことを素直に聞いていたのだが、投げにくさを感じていたかもしれない。もっとコミュニケーションを密にして、彼の感覚や考えを引き出す必要があったのだ。

彼のような身体能力を持つタイプなら、ひと昔前の大リーガーのようなフォームがひとつの理想かもしれない。体の開きが早くなることは気にせず、「ぶん投げる」くらいの気持ちで、しっかり腕を振れるようにする。投げ終わったあとに、体ごと一塁側に倒れ込むようなフォームが合っていた。

日本では投げ終わった瞬間から「野手」としての役割を要求される。投球後もバランスを崩さず、守備に入れるようにと子どものときから教えられている。体ごと一塁側に倒れ込めば、三塁方向への打球へ対処しにくくなる。だからこういうフォームを推奨する指導者はほぼいない。

だが、投手の最大の役目は投げ終わったあとのことではなく、投げることそのものだ。日本の投手も試してみる価値があると思う。日本ハムファイターズでいえば、上半身の力が強い有原航平みたいなタイプは、この投げ方が合うかもしれない。試してみるだけでも、なにかのヒントが得られることがある。固定観念にとらわれず広い視野を持つことは、コーチにとっても、選手にとっても大事なことだと思う。

優れた選手ほど、コーチの技量が問われる

まだ二軍にいる選手や一軍に定着したばかりの選手、いわゆる「Ｂチーム」のメンバーには、技術的な面でも人間力の面でも教えることがたくさんある。特に二軍は、基本的な技術のことから順に身につけてもらう段階だ。手とり足とりやる必要がある。野球に対し

てどう取り組むかなどのプロ意識や、社会性、人間力といった部分も並行して指導する。

特に一軍に定着できずに二軍に戻ってきた選手は「なにかが足りない」と思っている。技術的なことはもちろん、プロ選手としての姿勢について「聞く耳を持っている」状態なので吸収が早い。ある意味、コーチにとっては絶好の機会になる。

一方、「Aチーム」の場合は、だいたいのことは選手自身がやってくれるので、僕が接触することはBチームと比べれば少ない。だが、あまり問題が起きない代わりに、ひとたび問題が起きると、対応に苦労する。直接やり取りする量は少なくなるのだが、払う労力はこちらも大きい。

ダルビッシュ有（現シカゴ・カブス）が先発のときは、僕はリリーフの起用のことは頭になかった。彼は毎回、長いイニングを投げてくれるので、クローザーを用意するかしないかくらいしか判断することがない。その代わり、彼の投球に全神経を集中させていた。フォームの変化を見逃さないためだ。

彼の質問はとても高度で、コーチに対する要求が高い。それに応えなくてはいけない。

Aチームは手間がかからない反面、コーチの技量が問われる。

ダルビッシュのようなほとんど完成された選手や大ベテランは、ほぼほうっておいて大丈夫なのだが、難しいのはそのすぐ下の段階にいる選手だ。

一軍にはもう定着していて、プライドは高い。でも精神的にはまだ未熟なところがあり、すぐ壁に当たってしまいそうな選手たちである。もちろん個人差はあるが、年齢で言うとだいたい30歳手前くらいだろうか。ある程度の場数も踏んでいるし、みずからの力でここまでのし上がってきたという自負もある。一方で、ストレス発散のために深酒してしまったりもする。プロ選手としての優先順位がしっかり身についていない。

チームの軸になっている選手はファンから注目されているが、その行動はチームメイトも注視している。練習態度はもちろん、普段の行動、言動にも人間性は表れる。「おれが、おれが」と自分勝手な行動をしていては、若手に悪い影響を与えるし、その選手自身が成長しない。この段階からもう一段ステップアップできるかが、本当の意味での「一流」になれるかどうかの分かれ道だろう。

伸び悩んでいる時期は
急成長のチャンス。

悩ましい主力の配置転換

２０１７年シーズン、僕はコーチとしてとても難しい局面を迎えた。宮西尚生《なおき》に「配置転換」を告げなければならなかったときである。勝ちパターンの場面でなるべく若手を起用したいというチームの方針があったためだ。

宮西は左サイドスローから繰り出すスライダーが最大の強み。大卒でプロ入りした２００８年から毎年、50試合以上登板している。２０１７年で10年連続に達した。まさに鉄腕だ。兵庫県尼崎市出身で、見た目がちょっとやんちゃに見えるかもしれないが、マウンド上ではしたたかかつ冷静。常に最悪のケースまで頭に入れたうえでプレーできる。ベンチとしては非常に頼りになる投手だ。

増井浩俊《ひろとし》（現オリックス・バファローズ）、谷元圭介（現中日ドラゴンズ）とともに、長く日本ハムファイターズのブルペン陣を支えてきた、押しも押されもせぬ、Ａチームのメンバーだ。

２０１６年、広島東洋カープとの日本シリーズは１勝２敗で第４戦を迎えた。その試合の土壇場で、彼は真価を発揮した。3―1でリードしていた9回に登場したのだが、2アウトを取ってから四球と連打で満塁とされ、3番の左打者・丸佳浩《よしひろ》と対峙した。負ければ1勝3敗になり、日本ハムファイターズが崖っぷちに立たされる。ここで逆転されてしまえば、シリーズの流れは完全に広島カープに傾いただろう。大きなプレッシャーのかかる場面、彼はフルカウントで、外角のストライクゾーンからボールゾーンに逃げて行くスライダーを投じ、空振り三振に仕留めた。

このとき、ベンチの僕は「ボールになってもいいから、真ん中には投げるなよ」とハラハラしていた。だが、マウンド上の彼は僕よりも冷静で「四球でもいい」と考えていた。押し出しで1点与えても、まだ1点リードしている。次の打者のことも頭に入れながら、判断をしていた。

あとで耳に入った話だが、彼は決め球の1球前に「エサ」をまいていたそうだ。2ボール2ストライクから外角に大きく外れるスライダーを投げ、あえてフルカウントにしたのだ。打者にスライダーが制球できていないように印象づけ、「次はストレート」と思わせる狙いだったという。

ラストボールを投じるとき、彼は「四球になってもいい」と思うと同時に、「フルカウントから外角へ、ストライクからボールになるスライダーを投げれば、打者は100パーセント振る」という確信を持っていた。ここまでできる投手なのだ。

2017年シーズンの序盤は彼本来の調子ではなかった。開幕前のワールド・ベースボール・クラシック（WBC）に日本代表として参加していた影響もあったかもしれない。普段よりも1カ月調整を前倒しし、日本のプロ野球で使われているものとは異なる、滑りやすいWBC仕様球に慣れる必要があった。いつもの年とはオフの過ごし方も変えなくてはいけなかったはずだ。

それでもシーズン中盤くらいには調子を取り戻していた。にもかかわらず宮西を配置転換しなければならなかった背景には、2017年シーズン終了後に、宮西、増井、谷元の3人が同時にフリーエージェント（FA）になる見込みがあったのだった。

選手がFAの権利を行使すれば、自由に移籍先を選ぶことができる。現所属球団がいくら残留してほしいと願っても、移籍しようとする選手を止めることはできない。単に年俸や契約年数などの条件だけでは決まらない。「最後は、生まれ故郷に近い場所でプレーしたい」という、地元志向の選手も近年は多い。

チームとしては、勝ちパターンを任せられるベテランが一気にいなくなる可能性があるわけだから、対策を講じなくてはいけない。優勝争いにからめなくなったとしても、勝利を目指して戦うことは変わらないが、同時に将来のことも見据えなくてはいけない。今いる若手に少しでも経験を積ませておきたいと考えるのは自然なことだろう。

だが、宮西にとってはおもしろくない話だ。

彼は長年、ブルペンの主軸として、勝ちパターンの7回、または8回を任され、期待に応えてきた。試合の展開から自分の出番を逆算し、きっちり準備を進めている。それなのに、今までなら「ミヤ、行くぞ」と声がかかる場面で、名前が呼ばれない。「ここは、おれじゃないのか？」となる。気分がいいわけがない。逆に、自分の出番ではないだろうと思っているところで「ミヤ、頼むわ」とくる。おれはここじゃないだろう？　どうなっているんだ、と思って当然だろう。宮西のいらだちは態度にも現れた。起用法について、あからさまに不満を示すようになった。

話すのがつらくても正直に

宮西と首脳陣の間ですれ違いが起こっていた。本人はどんどん疑心暗鬼になっていくし、彼の態度はブルペン全体の雰囲気を悪くしてしまう。栗山英樹監督は「自分で気づいてほしい」という考えだったので、僕は直接、伝えることを決心した。投手コーチとしてというよりは、社会人の、一先輩として話そうという気持ちだった。確か8月の終わりごろだったと思う。「ミヤ、ちょっとええか」と声をかけ、2人だけの話し合いの場を持った。

「うすうす感づいてるとは思うけどな、ミヤ、最近いいとこで出られんようになっているよね」と切り出し、こう続けた。

「ミヤくらいの年になると、チームとしてこういう経験をするときも出てくると思うんや。それを悔しいと思うのは全然オーケーやし、若いころならそういう態度を見せてもよかったけどな、これからは、それじゃ駄目になってくる。自分の立ち居振る舞いをちゃんとしておく、もっと毅然《きぜん》とした態度のほうが、ええんじゃないの？　ミヤが次のステージに行くためにも、ちょっと考えてみてくれへんか？」

話していて本当にきつかった。でも正直に言わないと、宮西のためにもならないと思った。

宮西もいろいろ話してくれた。彼自身、ふてくされていてはいけない、毅然としていなくては、がんばらなくてはと思っていたそうだ。一方でやっぱり、ここまでやってきたプライドもあるし、自分の地位は守りたい。そういう葛藤があり、態度にも表れてしまっていた。それでも、最後は気丈にこう言ってくれた。

「もう僕は、言われたところで投げるだけなので、そこでがんばります」

彼は覚悟を決めた。次の日から、すっかり落ち着いた雰囲気でブルペンに来てくれた。

「ああ、よかった」と胸をなでおろした。

プロ野球選手として、みずから築き上げてきた地位を守りたい。実力があるなら、それができるはずだと、選手は思う。だが、たとえ実力があったとしても、チームの方針で活躍の場を変えられてしまうこともある。簡単には納得できないかもしれない。でも、チームを支えてきたベテランだからこそ、受け入れなくてはならない。また、そういう状況に置かれたときの態度や発言、身の振り方は、周りの選手たちにも少なからず影響を与える。

宮西はこの後、まったくへそを曲げずに、自分の与えられた役割に集中してくれた。本当に偉いと思う。彼はAチームの中でも上の段階、もうほうっておいてもいい、寄り添うだけで大丈夫というレベルに達した。

谷元はシーズン中の7月末、中日にトレードされた。増井はオフにオリックスへの移籍を発表した。宮西は日本ハムファイターズに残留する道を選んだ。彼は昔からハングリー精神を持っている。2018年は、もうひと花咲かせよう、もう一度自分のポジションを取り返そうと、奮起してくれると期待している。

ズバッと言い切ったほうが選手も納得できる

僕にも不本意な配置転換をされた経験がある。

大リーグで所属していた球団の1つ、カナダのモントリオールに本拠を置くモントリオール・エクスポズ（現ワシントン・ナショナルズ）でのことだ。そこで僕は、先発ローテーションから外れてロングリリーフ要員としてブルペンに入るようにコーチから告げられた。開幕してからまだ数試合しか経っていない。どうして僕なのか？　怒りが抑えられなかった。

僕は抗議の意思表示をした。監督の前に自分のヘルメットを持って行き、地面の上に置いた。それをスイカ割りのようにバットでたたき割った。「リリーフ投手は打席に立つことはないから、もうこれは不要だろ」という意味を込めたのだ。

当時の監督は大ベテランの「おじいちゃん」だったのだが、とても驚いていた。そうしたらすぐに投手コーチに呼び出された。チーム編成を担うゼネラル・マネージャーもいた。コーチはこう言った。

「お前には2つの選択肢がある。1つは機嫌を直してブルペンに入ること。もう1つは、このままチームを去ることだ」

僕は「すいませんでした。機嫌を直してブルペンに入ります」と答えた。日本ではやんちゃして罰金を払ったことはあっても、謝ったことはなかったのだが、このときは素直に頭を下げた。

ときに監督に先んじてコーチが毅然と対処するのも、組織をまとめるうえで重要なことだと思う。

もちろん吉井コーチは、同じ状況で同じ発言を選手にはしないだろう。起用法が不満だからといってバットでヘルメットをたたき割る選手もいないはずだし。ただ、僕がそうだったように、選手が自己主張したがることも理解できる。だからエクスポズのコーチは「チームを去る」という選択肢を用意してくれた。

まわりくどいことはせずズバッと言ってもらったほうが、選手はスッキリと受け入れられると思うのだ。

僕を奮起させた仰木さんの言葉

僕が現役のとき、いい意味ではっきりとしたメッセージを聞かせてもらい、モチベーションが大いに上がった経験がある。大阪近鉄バファローズ（現オリックス・バファローズ）時代に、仰木彬《あきら》監督からいただいた言葉だ。

「来年はええとこで使うからな」

入団4年目、１９８７年の夏だった。当時ヘッドコーチだった仰木さんがこう言ったのだ。シンプルかつダイレクトに、胸に響いた。

この時期に来季の話は、普通はしない。しかも、僕はこの4シーズン目の終了時点で、通算でたったの2勝しかしていない、ペーペーの若手だ。そんな投手に対し、次のシーズンで重用すると言っているのだ。奮い立たないわけがない。僕は期待に応えたくて、その年のオフ、心を入れ替えてめちゃくちゃ練習した。それこそが監督の狙いだったのだろう。あとになって思った。僕みたいなタイプの投手には、今のうちに伝えておけば、一生懸命練習するに違いないだろうと。

当時は知らなかったが、仰木さんはすでに来季の監督就任が決まっていたから、「ええとこで使う」とはっきり言えたのだ。ただ、この「ええとこ」は、僕は先発ローテーションだと思っていたのだが、任されたのはクローザーだった。１９８８年シーズン、僕は開幕から一軍入りし、50試合に登板した。10勝24セーブを挙げ、最優秀救援投手のタイトルを手にすることができた。大飛躍の年になった。

多くの監督は、自分の戦略を選手に伝えることはしないのだが、コーチングをするうえで、選手によっては、あらかじめこういったチームとしての計画や戦略を伝えるのもありだ。もちろん今の僕は投手コーチで、最終決定権を持つ監督ではない。はっきりと言うことはできないのだが、それをにおわすような、ヒントを与えるような表現で「期待している」とメッセージを送ることもある。

僕の心に火を点けてくれた仰木監督のように、選手のやる気を引き出す言葉をかけられるよう努めている。

言葉ひとつで
状況は一変する。
率直なメッセージは
受け手を奮い立たせる。

第7章

大谷翔平について

大きな長所はその「回復力」

2017年のオフ、大谷翔平の米大リーグ、ロサンゼルス・エンゼルスへの移籍が発表された。大リーグでも投打の両立、いわゆる「二刀流」を目指すと言う。入団会見ではこれ以上ない笑顔を見せていた。ドラフト前は日本のプロ野球を経ずに直接、米球界入りすることを公言していた。夢のスタートラインに立てた喜びは大きかったのだろう。

岩手・花巻東高校からドラフト1位で北海道日本ハムファイターズに入団し、2年目の2014年には投手としての勝ち星と本塁打数ともに2桁に乗せた。翌年は15勝を挙げて最多勝を獲得した。

2016年は10勝、22本塁打でチームの日本一に大きく貢献し、投手と指名打者双方でベストナインに選出された。リーグMVPにも輝いた。プロ入り前は日本球界関係者やメディアも二刀流の実現には懐疑的だった。「どちらかに専念すべき」という意見は今も残っているが、日本での5シーズンで、二刀流が決して不可能なことではないと示せたのではないか。

第7章
大谷翔平について

先発のときでも球速は160キロに達し、リリーフ登板時に出した日本最速記録は165キロだ。長打力のある打撃と足の速さも兼ね備える。彼の持っている才能は底知れない。

僕は、彼の大きな長所のひとつに「体力」があると思う。「回復力」と言ってもいいかもしれない。投手と野手の両方を同時にこなすには、コンディション管理が重要なのは言うまでもないが、そもそも人並み外れた体力がなければ、実現はできない。回復力は加齢とともに落ちてくる傾向にあるから、将来的にはどちらか一方に専念するときが来るかもしれない。逆に言えば、二刀流は今だからこそ挑戦できることでもある。

本人の選択次第だが、二刀流がどこまで進化するのか、とても楽しみだ。ファンのみなさんも大いに期待していると思う。

米球界でも大谷のことは大きな話題になり、動向が注目されていた。報道ではよくベーブ・ルースの名が引用された。大リーグ通算714本の本塁打を放ち、「野球の神様」と呼ばれた伝説の大打者だ。ベーブ・ルースもメジャーデビュー当初は投手で、その後、野手に転向した。2桁勝利・2桁本塁打を記録したこともある。

日本メディアの報道もさらに過熱している。大谷の移籍発表直後には「ローテーションの柱」「打順は3番」との見解を示すメディアもあった。

まず立ちはだかるのは、時差、温度差、湿度の差

ただ、いったん落ち着いて考えてほしい。大谷は日本で、二刀流以前に、1シーズンを通して先発ローテーションを守り切ったことは一度もない。故障が多く、出場してもどちらかに専念していた時期がある。投打で数字を残していても、常に同時並行だったわけではない。

そして、米国の環境は日本と大きく異なる。日本ではドーム球場が多いが、メジャーでは3分の2以上が屋外球場だ。シーズン開幕直後やポストシーズンに雪が舞う地域もあれば、夏場は気温が40℃に達する場所もある。南東部にあるフロリダ（現マイアミ）・マーリンズと、北部にあるクリーブランド・インディアンスが対戦した1997年のワールドシリーズでは、温暖なフロリダと氷点下にもなるクリーブランドを行き来しながら戦った。それくらい地域によって気候が違う。

大谷は日本でも夏場には疲れが出ていた。体がしぼんだように見えたこともある。人間

は体内のエネルギーが減ると、足りない分を筋肉からつくり出すから、筋肉量が落ちてしまう。涼しい北海道で、ドーム球場が本拠地でもそうなのだから、メジャーではコンディション調整がより難しくなるだろう。

自分の体感では、時差があるのもきつかった。日本では標準時間は1つだけだから、海外に行くとき以外は気にすることもないのだが、米国本土は広く、標準時間が4つある。日本でメジャーの生中継を見ていると、東海岸でデーゲームなら開始は午前2時くらい。西海岸でナイトゲームなら、開始は午前11時。大きな差だ。

気温だけでなく、湿度の違いもプレーに影響する。一般的に言って東海岸は湿度が高いが、西海岸は低く、ボールが飛びやすい。僕も所属したことがあるコロラド・ロッキーズの本拠地は標高約1600メートルの高地にあった。空気が薄く抵抗が少なくなるので、打球がよく飛ぶ。また空気抵抗が少ないと、変化球が変化しにくい。カーブやスライダーは曲がりがいつもより小さくなる。フォークボールも落ちにくく、打ちごろの球になりやすい。直球があさっての方向に行ってしまうこともあった。

メジャー仕様球をいかに使いこなすか

ボールも日本とは違う。4年に一度のワールド・ベースボール・クラシック（WBC）が近づくたびに、日本プロ野球の公式球との違いが話題になるから、ご存じの方も多いだろう。

日本のボールは表面の革がしっとりしていて手になじむ感覚がある。一方、メジャーで使われているボールは滑りやすいうえに、さらに専用の砂が擦り込まれる。昔からの伝統でもあり、滑り止めのつもりかもしれないが、砂がロジンバッグの松ヤニで指先に粘膜のようにへばりつき、よけいに滑る。形がいびつなのも交じっていて、個体差も日本より大きいと感じた。

滑ると思っているのは、日本の選手だけではない。たいていの大リーガーもそう思っている。だから、あの手この手で滑りを抑えようとする。マウンドに置いてあるロジンバッグはほとんど役に立たない。日本では寒い時期に指先がかじかむので、マウンド上で息を吹きかける光景をよく目にするが、メジャーでは許されず「ボール」を宣告される。打者に1球も投げていないのに何度もボールを宣告される投手もいた。ただ、マウンド上でなければオーケーだ。大リーガーの中には、いったんマウンドを降りてから手をベロッとなめる者もいる（現在はこのルールはゆるくなった）。

もっと直接的に、松ヤニなどの滑り止めを使う投手もいる。もちろん反則だが、「現行犯」でないと審判は取り締まらない。

あるとき、味方の攻撃が終わって僕がマウンドに向かい、近くに落ちているボールを拾ったら、松ヤニがべっとりついていたことがあった。「これって、どうなの？」と審判に見せたが、笑ってどこかに放り投げ、新しいボールをくれた。

2017年のワールドシリーズでは、ボールが滑るという声が投手から相次いだという。ダルビッシュ有も制球に苦労し、打ち込まれてしまった。本塁打が多く出たことから「硬くて飛距離が出やすい球にしたのでは」という憶測もあったそうだ。リーグ側はいつもと同じ規格だという。真相はわからないが、そういう状況も起こり得るということだ。

先発投手のローテーションも日本とは違う。メジャーは基本、5人を中4日でまわす。日本のローテーションは先発6人でまわすが、週に1日は試合のない日があるので、中6日となる。この2日の差は大きく、多くの日本人投手が適応に苦慮してきた。

僕がメジャーにいたとき、「吉井は中4日のデーゲームで投げたときは、ナイターのときより成績が悪い」というデータを見せられたことがある。5、6時間でも差が出るということだ。

エンゼルスは大谷の加入に合わせ、先発陣を1人増やして6人とし、中5日にする計画だとも報じられている。だとしても、メジャーは連戦が多いので、常に週1回の登板とはいかない。先発ローテーションに組み込まれるなら、日本よりも登板間隔が1日短くなるのは避けられないだろう。

投手・大谷の完成度はまだ3割

ここまではネガティブな話を続けたが、安心してほしい。不安なことよりも期待のほうがはるかに大きい。なぜなら、大谷の投手としての完成度は、僕は「3割」くらいだと思っている。まだまだ成長過程にあるのだ。彼の投球フォームはまだ固まっておらず、「コツ」をつかんでいるな、という感じがしない。ぎくしゃくとまではいかないが、流れるようなフォームではない。試合ごとのばらつきもけっこうある。原因は、下半身の使い方にあると見ている。

極端に言うと、左足を踏み込んでから腰と肩が同時に回ってくるような投げ方だ。そのため、下半身の力が指先まで伝わっていない。160キロの速球は、実は上半身の力と肩回りの柔らかさに頼っている部分が大きいのだ。左足の踏み込みから、腰、肩と順に回していくことができれば、全身の力をくまなく利用でき、今までのように上半身でがんばらなくても、同じくらい速い球が投げられるだろう。試合の終盤まで楽に投げられるようになり、肩・肘への負担も減る。また、腕が遅れて出てくるようになるので、打者はタイミングを合わせづらくなる。

踏み込むとき、重心が本塁方向ではなく、やや右にずれる癖があるのも気になる点だ。右に流れるのを上半身の力で修正しているので、これも肩・肘への負担を増やしてしまうことにつながる。投げ終わったあとの右腕のフォロースルーが小さいのも、このためだ。これらを修正していけば、さらにフォームは安定し、肩・肘はもっと楽になる。回復が早まれば次の登板までのコンディションづくりもやりやすい。選手寿命を延ばすことにもなる。

僕の大谷に対する指導方針はほかの若手とは異なっていた。「邪魔をしない」ことを基本とする、メジャーのスタイルに近い。コーチとして接したのは僕が２０１６年に日本ハムファイターズに復帰してからだが、彼がプロ入り前からの夢だったメジャーに、近い将来、間違いなく移籍すると当時から思っていた。だから吉井流よりもメジャー流のほうが本人にとってもいいだろうと考えた。それに、二刀流の大谷は野手・打者の練習もする。試合前の練習では、投手陣のランニングが終わると、すぐ打撃練習に向かった。僕の「オフィス」で過ごす時間がないので、話す機会が少なかった。彼のほうから積極的に声をかけてくることもなかった。

大谷は、みずからを客観的に見て問題点をつかみ、改善できるタイプの選手だ。僕の挙げた問題点も、自覚している。理想のフォームを目指し、ブルペンでの投球練習で試行錯誤を重ねていた。ゆえに、ブルペンの大谷のフォームは試合のときよりも不格好だった。この作業は本来二軍でやることなのだが、それを一軍でやりながら好成績を残しているのはすごいことだ。よほど間違ったことをしていると思ったときは指摘していたが、それ以外は本人に任せた。もっとも、まだ若いので、いろいろと緩みが生じることもある。そういうときはほかのコーチがガツンと言ってくれていたようだ。

これまでの大谷の最高のピッチングで、理想に一歩近づいたと思ったのは、２０１６年のリーグ優勝を決めた、9月28日の試合だ。

1安打完封、15三振を奪った。技術的にはもちろんだが、プレッシャーのかかるなかで、集中力を高く保ちつつ、リラックスして投げていた。いわゆる「ゾーン」に入っている状態だった（最後の打者を迎えたところでなにか邪念が入ったのか、ゾーンが解けてしまったが）。大事な試合で高いパフォーマンスを発揮できる精神状態になれることは、スーパースターになれる条件だ。

潜在能力は計り知れない

投手コーチとして、先発ローテーションを考えるうえでは、正直、大谷は悩みの種だった。大谷の先発に合わせて、ローテーションを変更しなくてはいけないからだ。栗山英樹監督ともよく議論した。僕は先発陣の柱になる1、2、3番手のローテーションは変えないでほしいと主張した。

日本では相手チームとの相性を気にしたり、「大事な首位攻防戦にエースを使いたい」などと言ってローテーションをずらすことはよくある。だが、その試合は勝てるかもしれないが、ローテーションを崩せば先発陣全員に影響が出る。1年間を通して考えれば、マイナスのほうが大きいと思っている。

メジャーは総じてプライドが高い選手が多い。エンゼルスの首脳陣が大谷を特別扱いしすぎて、ほかの投手に影響が出てしまうと、選手の間から不満の声が上がり、大谷に対して風当たりが強くなる可能性もある。あくまでチームの一員としての起用法を考えてほしい。

一方、投手コーチから見る「打者・大谷」は、非常に頼りになる存在だった。投手のときは下半身の使い方が課題だと指摘したが、打席に立ったときは下半身、特に股関節の使い方が天才的にうまい。それが強いコンタクトを生み、右方向に引っ張るときだけでなく、左中間方向にも大きな当たりを軽々と飛ばせる。故障のため2017年の第4回WBCに出場することはできなかったが、前年11月の強化試合で、日本代表で一番輝いていた打者は大谷だった。

オランダ戦では右中間の上段へ本塁打し、東京ドームの右翼天井の隙間にボールを打ち込む特大の二塁打も見せた。初めて対戦する外国人投手の球をバットの芯でとらえる対応力がある。エンゼルスは1年目、投手とDH（指名打者）で起用する方針だという。打撃面も要注目だ。

大谷の潜在能力は計り知れない。これまでの常識を打ち破るだけの、スケールの大きさがある。日本球界の、というより世界の、野球界全体の財産だと思う。

もちろん、今後も紆余曲折があり、本人も試行錯誤を繰り返していくことになる。焦りは禁物だが、彼のこれまでの言動から、その心配はないだろう。日本のファンのみなさんも結果を焦らずに、見守ってほしい。数年後には今とはまったく違う選手になっているのかもしれない。これまでよりも厳しい環境で、メジャーリーガーと戦う日々が、大谷をさらに成長させてくれるだろう。目標である世界一の選手になって、ファンを熱狂させるとともに、野球の魅力を世界中に発信してほしいと願っている。

終章

指導者は学び続けなければならない

「お前、何度も言ってるだろ。なんで言われた通りにできないんだ！」

野球経験のある方は、指導者にこう怒鳴られたことはないだろうか。また、野球をしている子の親御さんの中で、そういったシーンを目にしたことはないだろうか。特に、まだ年齢が低く、経験の浅い小学生や中学生の年代では、指導の現場で頻繁に聞こえてくるフレーズなのだ。うまくできないのは、選手のせい、選手が悪い。野球界ではこう考える指導者が大手を振って歩いている。本当は、違う。選手ができないのは、指導者の責任が大きい。

筑波《つくば》大学大学院で学んでいるとき、サッカー指導の研究をされている方と食事をした。その際、このことが話題になった。サッカー界では、「選手ができないのはコーチの責任」が常識なのだそうだ。コーチとしての役目を果たしていないと見なされる。野球界の常識とはまったく逆だ。

その話を聞いたとき、「ええっ？・」とびっくりした。でも、言われてみれば確かにそうだ。指導者が自身のコーチングの至らなさ、未熟さを、子どもたちのせいにして、怒りをぶつけているだけなのだ。よくよく考えてみれば、非常に恥ずかしいことだ。しかし、そのことに気づいていない指導者はたくさんいる。プロに入ってくる前の、アマチュアの指導でも、問題点は多いと感じている。

大学院のカリキュラムの一環で、僕は中学生年代のクラブチームにインターンとして参加し、指導にあたったことがある。子どもたちが夏休みの間の2週間、臨時コーチを務めた。

小学生や中学生を指導するのは、はっきり言ってプロ選手を指導するより難しい。中学1年生はまだ成長期が来ていない子どもも多いのに比べ、3年生にもなれば背も高くなっている。年齢差は小さいが、体格、体力はまったく違う。僕が参加させてもらったクラブは、技術的にも差が大きかった。そこそこレベルの高い選手もいれば、まだ競技をはじめて1年にも満たない選手もいる。下手だけど、野球が好きでプレーしているという選手もいる。それぞれに合わせたアプローチを考えなくてはならない。本当に、いい経験をさせていただいた。

プロ野球界なら、コーチと選手は大人同士の会話になるが、下の年代にいくにつれ、メッセージを正確に伝えることに工夫がいる。言葉のひとつひとつを吟味し、どうすればうまく伝わるかを考えなくてはならない。どういう口調にするかも、年代によって変える必要があるだろう。

基礎的なことを身につけるには反復練習が必要なのだが、子どもたちは同じことばかりやらせていると飽きてしまう。集中できていないと、効率も悪くなる。うまくモチベーションを上げていく働きかけも必要だ。先にも述べたが、体力がある程度ないと習得できない技術がある。体の発達段階を無視してそういう技術を教えてしまうと、故障につながる。指導者の勇み足で素晴らしい才能をつぶしてしまうことにもなりかねない。そういった知識を持っていなければ、この年代をうまく指導できないのだと感じた。プロ相手のコーチよりも、幅広い知識が要求される。

勝利優先は「詰め込み」を招く

では、実際にはどうだろうか。アマチュア球界では指導における暴力の禁止や、フェアプレーの大切さ、競技を通じた人間教育などを掲げている。とても大切なことだ。しかし、グラウンド上ではそれが無視されていることもある。定期的にアマチュア球界の処分者が発表され、新聞に掲載されているのだが、内容を見ると、指導者による暴力がいまだに多い。とても残念に思う。直接的に暴力を使わなくても、強権的、脅迫的な指導はまだまだ目につく。

「世界でもっとも怖いのは高校の監督」「監督に怒られないためにプレーする」などが、「高校野球あるある」として語られている。こういうやり方は、近年は減ってきていると思うのだが、一部には根強く残っている。

これでは、選手が自主的に考え、行動する習慣を身につけることはできないだろう。誰かが指示をしてくれないと、なにもできない。指導者の顔色ばかりうかがうようになってしまう。自分で考え、問題を解決する力を身につけるという僕のコーチング方法とは、正反対だ。名前は伏せるが、ある高校とある大学出身の選手は、この傾向が強く出ているのがわかる。彼らはプロ入り後にすぐに壁にぶち当たり、伸び悩んでしまう。

この話は高校に限ったことではないだろう。中学校や小学校の年代でも、勝利を意識しすぎるあまり、指導者がなんでもかんでも選手に詰め込もうとすることが往々にしてある。とにかく理屈抜きに「こうするんだ」と命じていく。肉体的にも精神的にもそれに耐えられる一部の選手が生き残り、強豪校に進み、また同じような競争を繰り広げる。この流れでは、自分で考える力は不要なものになり、「指示待ち」の姿勢から抜け出せなくなってしまう。プロ選手も、もともとはみんなアマチュアだ。アマチュア時代にどんな指導を受けてきたかは、プロに入ったあとにも大きな影響を与える。

米国のある大学のスポーツチームを対象にした実験で、脅迫的な指導方法によって成果が出るという論文を読んだことがある。ただ、これは同時に、3カ月くらいの短い期間に限られた話だそうだ。「コーチが怖いからがんばってやる」は、長期的なモチベーションにはならない。高校も中学も3年間しかない。こういう指導方法を用いたほうが選手が成長する、現に成長したという成功体験から、そういった手法を用いているのかもしれない。ただ、卒業後、そういった指導を受けた選手がどうなるかについては、その指導者が責任を負うことはないのだ。

野球が子どもたちから見放される不安

日本の球界は低年齢のときから勝利へのこだわりが強い。もちろん勝つことはうれしい。ただ、スポーツを通じて得られる喜び、経験は、勝利しなくては手に入らないものではないだろう。野球であれば、試合に負けたチームでも、随所に光るプレーがあるはずだ。自分がベストなプレーをしても、相手がそれを軽々と上回ることはよくある。どんなにがんばっても、勝利できるとは限らない、そんな不条理さを学ぶこともできる。悔しさは勝利以上にモチベーションを上げるきっかけにもなる。チームスポーツなら、人間関係を育む場にもなる。ただひたすら勝利だけを追求すると、負けたくないあまり、選手に無理をさせることになる。小学生のころから変化球をたくさん投げさせることもある。トーナメント戦になれば、控えの選手を起用しにくくなり、一部の選手しか試合に出られなくなってしまう。

こういった環境は、これから野球をはじめたい子どもたちや、子どもに野球をやらせたいと思う親の目にはどう映るだろう。普段の練習から指導者の怒声が響き、子どもたちは神妙な面持ちで、指導者の表情を気にしながら野球をしている。主力の選手は無理な起用をさせられ、控えの選手は試合になかなか出られない。世の中にはさまざまなスポーツがある中で、子どもたちが野球を積極的に選んでくれるのか。別のスポーツを見学しに行って、みんな伸び伸びと楽しそうにプレーしていたら、どちらが魅力的だと思うだろうか。

このままでは、野球が見放されてしまうのではないかと危機感を募らせている。

今でもプロ野球は日本で一番人気のあるスポーツだと思う。球場には日々、たくさんのファンが訪れ、熱い声援を送っている。各球団もいろんなイベントを行い、キャンペーンをし、観客動員を増やしている。「カープ女子」といった新たな流行語も生まれた。フランチャイズのなかった北海道や東北に本拠地を置く球団ができ、地元に密着した活動をしている。しかし、子どもたちの野球離れは急速に進んでいる。競技を支える、肝心の選手のなり手が減っているのだ。もちろん少子化もあるだろうが、旧態依然とした指導を行っていることも少なからず影響していると思う。

指導者交流を阻むプロアマ問題

古いままの指導理論が今でもまかり通っているのは、「プロアマ問題」の影響も大きいと思う。

大学院に入る前の年に、僕はアマチュア資格回復の講習を受けた。プロ野球経験者が高校・大学の指導者になるために必要な手続きだ。当時、アマチュア球界で監督になるつもりがあったわけではなく、後学のためにという気持ちだったのだが、この講習を受けたことで、初めてプロアマ問題に詳しく触れることになった。

僕はプロ側（1日間）とアマ側（2日間）の講習を受け、審査を通過するだけでよかったのだが、それ以前は、教員免許を取得し、2年間教壇に立つなどの条件が課されていた。ちなみに僕はその後、プロ野球界に復帰したため、アマ資格は失っている。

そもそも、なぜわざわざ「回復」が必要なのかというと、長い間、一度プロになった人は二度とアマ球界とかかわることが許されない断絶状態にあったからだ。これがプロアマ問題だ。

発端は半世紀以上前にさかのぼる。プロ側がアマチュア選手に対しお金を使って強引な引き抜きを繰り返したことで関係が悪化し、1961年の柳川《やながわ》事件を機にアマ側が元プロの復帰拒否を決め、両者の間に大きな壁ができた。徐々に歩み寄りはあったものの、今日に至るまで壁は残ったままだ。

講習を受けてつくづく感じたのは、プロもアマも、最大の被害者は選手だったということだ。

交流が禁止されているわけだから、プロにまでなった選手が培ってきた技術、知識、経験、練習方法などが、アマチュア球界に伝わらない。プロ選手は、言ってみれば競技の最先端を行く存在だ。その選手が持っているものが、アマチュアの選手にはいっさい還元されないということだ。日本球界の発展を妨げる、大問題だ。ほかの競技ではありえない話ではないか。

プロ選手にとっては引退後のセカンドキャリアが著しく制限されている。解説者や、プロ球団のコーチや職員になれる人はごくわずか。それ以外の大多数は第２の人生で、自分の一番得意な分野を生かせなかった。プロ側、アマチュア側、お互いにとってとても不幸なことだ。

僕が１９８４年にプロ入りしたときには、「アマチュアとはいっさい関わってはいけない」と、漠然と言われただけだった。なにが違反になるか具体的にわからなかったから、とにかく接触しないようにした。母校・箕島《みのしま》高校の野球部にもまったく顔を出せぬまま、疎遠になってしまった。お世話になった尾藤《びとう》公《ただし》監督は２０１１年に亡くなられたのだが、きちんとお礼も言えなかったという後悔がある。

プロ選手たちは、お世話になったアマチュア球界に貢献したい、恩返しがしたいと強く思っている。問題の発端はプロ側だし、21世紀に入ってからも「栄養費」と称した金銭を有望なアマチュア選手に渡し、囲い込みをしようとするなど、関係をゆがめてきた。

こういった歴史があるだけに、アマチュア側としても、いきなり全面解禁とすることには慎重にならざるを得ないことは理解できる。とはいえ、諸先輩方の努力で少しずつ関係を修復し、大勢の元プロがアマチュア資格を回復できるところまできた。この流れを前に進め、選手にとって良い方向に行くよう、お互いに努力したい。

球界挙げて指導体系づくりを

日本球界のみんなで知恵を集めて、段階的な指導理論体系をつくるべきではないか。日本にはさまざまなアマチュア団体がある（それこそ、多すぎるくらい）が、プロ野球のコミッショナーを頂点にした、指導体系を整備していかなくてはいけない。ある年代まではここからここまで、次の年代はここまでと、大まかに示せればいいと思う。米国では、大リーグ機構（ＭＬＢ）と同国野球連盟が「ピッチ・スマート」と題した故障防止のガイドラインをつくった。22歳以下のアマチュア投手を対象に、年代を区分けして、１日の投球数や次回登板までの間隔を明示している。この変化球はいつから教えるか、などもある。

サッカーなどでは指導者のライセンス制度を導入している。そこまでいかなくとも、ある程度の知識・理論を共有できるシステムは必要だと思う。各年代でこれまでよりもレベルが下がると危惧されるかもしれないが、長い目で見れば、今よりもスケールの大きい選手が増えるのではないか。

まずは、指導者同士がもっともっと交流できるようにしなくてはいけない。米国では年に1回、野球指導者を集めた発表会みたいなことをやっているという。「こういうふうにやって、成功しました」などの話を持ち寄って交流し、参考にしているのだ。

実は、プロ球団の中でも、コーチ同士の交流が少なかったりする。あるコーチがやってきて指導したあと、別のコーチがやってきて全然違うことを言ったりする。これでは選手が混乱してしまう。

北海道日本ハムファイターズでは最近、全投手の性格や課題、特徴をコーチ全員で共有しようという取り組みが始まっている（ようやく、な感じもするが）。福岡ソフトバンクホークスでは一、二、三軍の投手コーチが月に1回集まって、ミーティングをしていた。

工藤公康《きみやす》監督も考えていて、僕もつくりたいと思っているのが選手の「カルテ」だ。性格や長所短所はもちろん、「今、こういう課題があって、こういう練習に取り組んでいます」といったこともわかるようにすれば便利だ。選手が一軍から二軍へ、二軍から一軍へ行くとき、このカルテを見れば、状況は一目瞭然になる。選手がなにに取り組んでいるか、どのコーチでもわかるので、一貫性のある指導ができる。選手を混乱させるようなこともなくなるだろう。ただ、どういった項目をつくればいいかで悩んでいて、まだ実現には至っていない。

研究で「常識」も見直される

野球にかかわる研究は日々進んでいる。これまでの常識や、なんとなくこうじゃないかなと思っていたものが、実は違っていたりする。

少し例を挙げる。投手が「腕を振る」とよく表現される。投手自身が「思い切って腕を振りました」と言ったりもする。だが、バイオメカニクス（生体力学）の視点で言うと、「振る」というより「振られている」のほうが正しい。下手に腕を振ろうとすると、力んでコントロールを乱す。捕手が投手に対して腕を振るしぐさをすることがあるが、プロの投手は感覚的にわかっているので、「腕を振ろう」とは思っていない。高校野球などでは、このジェスチャーを見たあとの投球は、高めに浮くことが多いと感じる。

捕手のジェスチャーに関しては僕も調査をしたことがある。大学生が対象だったのだが、腕を振るジェスチャーや、両手を下にして「低めに投げろ」というメッセージがあったときとないときで、投球がどう変わるかを調べた。

結論は、「なにも変わらない」だった。良くも悪くもならないなら、投手の気分を害する恐れがあるので、やらないほうがいいと思う。

通常よりも重く作ってあるマスコットバットの使い方にも、少々誤解がある。研究によれば、重いバットを振ったあとに普通のバットを振ると、スイングスピードが上がったように思うのだが、それは錯覚なのだという。変わらないか、ちょっと落ちるのだそうだ。実際にスイングスピードを上げるためには、運動神経に関わってくる話なので、通常よりも軽いバットを振る練習をしたほうがいいという。重いバットを振り込むことで筋力はアップするが、スイングスピード向上には直結しない。ネクストバッターズサークルでマスコットバットや重りをつけたバットでスイングをしているのは、固まった筋肉をほぐすくらいの効果なのだ。

コーチングに終着点はない

自分で考えて、課題を見つけて、解決できる力を身につける。これを選手に促すコーチングが僕のスタイルだと、繰り返してきた。このやり方がうまくいくと、選手の意識は「自分で工夫して、努力して、成功した」と思うだろう。コーチの働きかけのことまで気づく選手は少ない。こうなると、大成した選手は、そのまますぐにいいコーチにはなれないと思う。振り返ってみれば、僕もコーチから受けた指導や言葉で、覚えていたものはほとんどなかった。「あのコーチのあの指導のおかげで、こうなった」という例は、ほぼ思いつかない。前述の仰木さんの言葉と、米大リーグ入りした直後、ニューヨーク・メッツの投手コーチから「君のことは君自身が一番よく知っているのだから、おれに君のことを教えてほしい」と言われ、驚いたことくらいだ。自分のキャリアは、自分の力で切り開いてきたんだとしか考えていなかった。でも、もしかしたら、僕を指導してくれたコーチの中には、今の僕と同じように選手の自主性を引き出すようなアプローチをしてくれていて、僕が気づいていなかっただけなのかもしれない。選手とコーチの間には、そんなジレンマがある。
プロでもアマチュアでも、指導者になるには、専門の勉強が不可欠だと思う。加えて、常に学び続けることが大事だ。僕はオフもあわただしい。日本ハムファイターズの全試合のビデオを見返して、各投手の分析を進めている。２０１７年から、球団が全試合をレビューできる便利なシステムを用意してくれたので、タブレットとにらめっこしている。実際の試合ではベンチから見ているので、投手を横から見ている。球の高低はよくわかるが、コースの詳細はわからない。ビデオを何度も見ていると、新しい発見がたくさんある。

大学院で2年間学んだことで、野球についてもっと深く知りたくなった。それまでまったく知らなかった分野に対しても、好奇心が湧いた。研究者とのつながり、人脈もたくさんできた。修士課程を修了したあとも、研究会があれば積極的に参加している。２０１６年の優勝旅行もキャンセルした。その1年くらい前から、九州の大学にいる研究者に会う約束をしていたからだ。「もう、ここまででいいや」という終着点はない。立ち止まってしまうと、あっという間に置いて行かれてしまう。

大学院で研究に没頭するうちに、「このまま研究者を続けるのもいいな」と思ったことがあった。でも、せっかく深めた研究分野を、プロ野球という日本最高峰の「現場」に取り入れたら、なにが起きるのか、試してみたくなった。日本は研究と現場の交流が少なく、距離があると感じていた。研究を実地に反映させる懸け橋に、僕はなりたい。新しい理論を現場で実践してフィードバックできれば、選手の成長につながるし、研究にとっても貴重なデータが手に入る。両者にとって役立つと思う。

指導者の世界には、数学の公式のような決まった答えはない。これからも主役である選手と向き合い、コーチとして精進し続けることを、本書を最後まで読んでくださったあなたにお誓いして、いったん終わりにしたい。球場はもちろんだが、僕の趣味は競馬なので、競馬場に姿を現すことがあるかもしれない（馬主でもあるので、公式ブログは競馬の話も豊富）。ゴルフ場に出没するかもしれない。見かけたら、声をかけてほしい。そのときに、本書の感想や意見を聞かせてもらえれば、うれしいかぎりだ。

ほな、また。

２０１８年２月

吉井理人

構成　佐藤恭輔
装幀　岡　孝治＋鈴木美緒
写真　黒田菜月

吉井理人（よしい・まさと）

1965年生まれ。和歌山県立箕島高等学校卒業。84年、近鉄バファローズに入団し、翌85年に一軍投手デビュー。88年には最優秀救援投手のタイトルを獲得。95年、ヤクルトスワローズに移籍、先発陣の一角として活躍し、チームの日本一に貢献。97年オフにFA権を行使して、メジャーリーグのニューヨーク・メッツに移籍。98年、日本人メジャーリーガーとして史上2人目の完投勝利を達成。99年には、日本人初のポストシーズン開幕投手を担った。2000年はコロラド・ロッキーズ、01年からはモントリオール・エクスポズに在籍。03年、オリックス・ブルーウェーブに移籍し、日本球界に復帰。07年、現役引退。08年〜12年、北海道日本ハムファイターズの投手コーチに就き、09年と12年にリーグ優勝を果たす。15年、福岡ソフトバンクホークスの投手コーチに就任し、日本一に輝く。16年〜18年、北海道日本ハムファイターズの投手コーチに復帰し、16年には再び日本一に。19年、千葉ロッテマリーンズの投手コーチに就任。22年10月からは、千葉ロッテマリーンズの監督に就く。

吉井理人《よしいまさと》 コーチング論《ろん》
教《おし》えないから若手《わかて》が育《そだ》つ

2018年3月31日初刷
2022年10月31日2刷

著者 吉井理人《よしいまさと》
発行者 小宮英行
発行所 株式会社徳間書店
〒141-8202
東京都品川区上大崎3-1-1
目黒セントラルスクエア
電話 編集/03-5403-4344
販売/049-293-5521
振替 00140-0-44392

本文印刷 三晃印刷株式会社
カバー印刷 真生印刷株式会社
製本所 三晃印刷株式会社

ISBN978-4-19-864590-8